·西南民族大学华风经济学丛书·

社会资本与农户经济行为

Rural Social Capital and Farmers' Economic Behavior

唐勇智◎著

中国经济出版社
CHINA ECONOMIC PUBLISHING HOUSE
北 京

图书在版编目（CIP）数据

社会资本与农户经济行为/唐勇智 著.

北京：中国经济出版社，2013.8

ISBN 978-7-5136-2140-3

Ⅰ.①社… Ⅱ.①唐… Ⅲ.①社会资本—关系—农户—经济行为—研究—中国 Ⅳ.①F325.15

中国版本图书馆 CIP 数据核字（2012）第 283636 号

责任编辑　李煜萍
责任审读　贺　静
责任印制　常　毅

出版发行　中国经济出版社
印 刷 者　三河市佳星印装有限公司
经 销 者　各地新华书店
开　　本　710mm×1000mm　1/16
印　　张　14.75
字　　数　228 千字
版　　次　2013 年 8 月第 1 版
印　　次　2013 年 8 月第 1 次
书　　号　ISBN 978-7-5136-2140-3/F·9573
定　　价　39.00 元

中国经济出版社 **网址** www.economyph.com **社址** 北京市西城区百万庄北街 3 号 **邮编** 100037

本版图书如存在印装质量问题，请与本社发行中心联系调换（联系电话：010-68319116）

西南民族大学“华风”经济学丛书编委会

总序

开创经济学“民族分工”新视野

“有志不在年高”。一个未满十岁的“孩子”要出书，还是“系列”文库，是不是有些匪夷所思？但这却是事实。西南民族大学经济学院在成立九周年之际，小儿科大手笔，推出了自己的“华风”经济学文库，可喜，可贺，可嘉。

世界大学史，千余年矣；中国大学史，百余年矣，中国的民族大学史，六十余年矣。足见中国的大学幼稚，足见中国的民族大学幼稚。而眼下中国的大学，办有经济学院、经济学系的，犹如过江之鲫，数不胜数。西南民族大学经济学院成立于2003年12月，可谓中国高校中最年轻的，所以我说她还是一个“孩子”。一个“九龄童”出经济学文库，不无遭遇不屑甚至讥诮之虞。何以见得？话得从1895年说起。甲午中日一战，清廷惨败，识者以为盖在科学技术落后，一时间，维新变法思潮高涨，兴西学以育人呼声四起，中国的新式大学由是诞生。有趣的是，“洋务派”兴学具有强烈的实业目的，是谓实业救国；“维新派”兴学具有强烈的改良思想，是谓改革救亡。——虽然他们都是基于甲午的危机认知，都是基于“科教兴国”的长远追求。而经济学呢？撇开政治理念和意识形态不说，自亚当·斯密和卡尔·马克思以降，经济学即分别沿着形式化的和制度化的两条路径演进。一前一后，影响至深至远，循此脉络，人们当不难理解今日中国大学何以会有经济学的“分野”：除了“西方经济学”与“政治经济学”的杯葛，还有主流经济学与草根经济学、官房经济学与民生经济学、资方经济学与劳工经济学等的对峙。至于中国民族高校的经济学专业，就更不足为人道了，那潜意思就是说，你民族大学还办什么经济学专业呀？

想想也不无缘由。实事求是地讲，五千年农耕文明早熟，滋养了“华夏中心”；两千年“罢黜百家、独尊儒术”，强化了“等级名分”。因此，国人之骄傲和自豪，每每张扬在踞守“第一”维护“第一”上；实在不济，也要来一个“原本我们”怎么样、“先前我们”怎么样，所谓“中体西用”“中源西流”是也。应该承认，这不仅是现代中国前进的文化传统障碍，而且也是中国的大学尤其是中国的民族高校及其学科建设面临的一个文化传统障碍。不过话又说回来。假如没有当初的北洋大学，或许就不可能有日后的马寅初。我们也不妨设想，若没有今天中国的民族高校的经济学专业，能否有今后中国的“各民族共同繁荣发展”？当然，毋庸讳言的是，中国的民族高校的经济学专业还很幼稚；但同样毋庸讳言的是，中国的大学，中国的大学的经济学专业，不都还很幼稚吗？所以，中国的民族大学，是可以办经济学专业的，也是一定能够办好的。这不是勇气问题，也不是信念问题，更不是能耐问题，而是一个客观现实的需要问题。

“走自己的路，让别人说去吧。”相较各种各样的“中心”“名分”“等级”，中国的民族高校，或许更应该致力于学科建设和专业教学本身。

举例说来，就经济学而言，作为五十六个民族“和合偕习”的大家庭，中华民族的振兴必得建基于中华民族的共同团结奋斗，只有经由各民族的共同团结奋斗，我们才能建立起坚实的物质经济基础，以实现全民族的共同富裕共同繁荣发展。但是，共同团结奋斗、共同富裕、共同繁荣发展，并不是政治上层建筑和国家行政安排能够做得成的，它必须通过更为基本的、全面的、市场化的“民族分工”来实现。在我看来，在一个多民族的现代“民族国家”，推动经济社会发展，解决社会经济问题，绝无可能“去民族化”。也就是说，国民经济“又好又快”的增长，经济社会的稳定、持续发展，构建资源节约型的和谐经济、环境友好型的和谐社会，绝对离不开有效的“民族分工”。也许你可以不在乎这个“民族分工”，但如此一来，你也不得不为你的抉择支付代价。现代经济学也许可以较好地解释社会分工、自然分工、国际分工、区域分工、产业分工、技术分工，但什么是

“民族分工”，以目下的现代经济学，恐怕还不好解释。所以我也同时认为，在研究一般经济学原理和一般分工理论的基础上，深入研究少数民族经济和民族地区经济，进一步研究“民族分工”，或将是中国的民族高校经济学科的特色和优势之所在。当然，中国的民族高校的经济学科也会重视一般经济学的研究和教学，这种“局部与整体”的关系，当不言自明。

经济学是舶来品，中国大学的经济学科建设和经济学教学，也有一个“中国化、时代化、大众化”的“三化”问题。而在中国的民族高校，经济学的“三化”就更显艰巨、具体和迫切。作为教学和科研的结晶，西南民族大学经济学院的“华风”经济学系列文库，是专注于经济学“三化”的成果之一，所以可喜；是不懈于一般经济学的成果之一，所以可贺；是致力于“民族分工”的成果之一，所以可嘉。

“寻宇文，初习华风”。（刘知几《史通·杂说中》）华风，是中华民族的风华，自然而然内在“民族特色”。“稍近华风，遂脱瘴死。”（苏辙《移岳州谢状》）华风，是经济学人好作品，学术文采都站在前沿。“华风濡染变狂獉，光气将开色色新。”（赵翼《经临途次杂纪以诗》之三）华风，是经济学院“学术立院”圭臬、“服务社会、培养人才、传承文化”宗旨的彰显。不欲扬名立万于经济学江湖，旨在为经济学殿堂添砖加瓦。“华风”文库的问世，还仅是西南民族大学经济学院“少年不识愁滋味”的一个起点，我们有理由期待着西南民族大学经济学院在“民族分工”领域作出更大的努力和贡献。

周兴维

2012年6月16日

识于西蜀凤栖山莲溪山庄

摘要

农村社会资本领域的研究已积累了不少成果，但仍然未描绘出清晰的蓝图，并且随着社会的快速发展，许多研究关注的背景也已时过境迁。已有社会资本理论主要有两个缺陷，一是社会资本的定义，二是社会资本的测量。本研究中，社会资本被定义为相似人群按照互惠原则交换资源、情感及价值观念等要素的一个类市场的网络平台，以及平台上承载的社会资源。各种社会网络是社会资本的具体表现形式，信任和互惠构成社会资本形成与运作的规则，合作则是社会资本的结果和目的。产生社会资本的主要动力，一是源于不确定性，二是源自人类需要的复杂与多变性，三是来自人类对便利和低成本的永恒追求，四是由于总会存在无法通过市场与企业两种组织方式得到利用的闲置资源。本书认为，农户的社会资本建立在其经济和社会需求的基础之上，故而应随着需求的变化进行相应的调整。

实证研究是本书的主体部分。本书通过对河南、湖北、四川和重庆333户农村家庭的实地问卷调查，从资源交换网络、象征性网络、其他社会资本、信任及价值规范等几个方面，考察了当前各类农村社会资本的存量状况，验证了家庭成员的年龄、性别、婚姻和学历等特征对农户社会资本的影响，分析了各种社会资本之间的相互联系以及它们与农户经济行为的关系。在此基础上，运用线性回归模型就社会资本、人力资本和物质资本对农户人均收入的影响进行了整体考察。结果表明，象征性社会资本网络越丰富，或者受教育年限越长、经营二三产业人数越多的家庭，人均收入就越高;与此相反,使用换工与打工社会资本网络越多的家庭,人均收入就越低。

本书的研究结论是:①部分人力资本需要借助于社会资本才能发挥更好的作用。②传统社会资本逐渐衰落与分化,尤其以农业生产协作需求为基础的换工网络,以及以就业信息获取为基础的打工信息网络,表现最为突出。③象征性网络是目前农户最重要的社会资本形式。④农户的信任结构仍以亲缘关系为主,同时,对正式制度和陌生人的信任水平也不低;具体的信任水平应区别不同情境分析,不能混合;中等收入水平的家庭不信任陌生人的比例较大,整体上人际信任状况在变好。⑤农村和农户的需求正从几方面逐步分化,呼唤新型社会资本形式的出现:农民渴望与政府沟通信息;农民的需求内容逐渐丰富,对情感支持与认同、闲暇交往等需要增加;留守的老弱妇孺需要社会资本的支持;农村专业化分工加速,需要专业性社会资本网络。⑥社会资本的发展趋势是分工与分化,一方面,整体上朝向以普遍信任为基础的一般化社会资本发展;另一方面,在特定领域内沿着特殊信任进一步深化,最终形成能够满足农户多种需求的复合型社会资本结构。

关键词:农村社会资本;农户资源交换;农户需求;社会资本功能;农户经济行为

Abstract

There are large numbers of literatures about the research on the issue of social capital in rural society, but few of them conducted an empirical study comprehensively, and more, the background of the past researches has changed a lot with the rapid development of society. The two main defects of past studies on social capital are definition and measuring. In this paper, social capital is defined as a network platform, where similar groups exchange resources, emotional supports, values and other elements in accordance with the principle of reciprocity, and the social resources bearing with the platform. Social network is the form of social capital. Trust and reciprocity constitute the rules of social capital's formation and operation. Cooperation is the results and purpose of social capital. The main driving force of social capital generated: the first stems from the uncertainty; the second is originated in the complexity and variability of human needs; the third is derived from the human's eternal pursuit of convenience and low cost; and fourth, because there will always be some idle resources that cannot be used through market and enterprise. This thesis argues that economic and social needs of farmers which determined by the economic and social structure are the foundation of rural social capital; the latter should be adjusted correspondingly with the demands of farmers.

The empirical research is the main part of this paper. Through field survey of 333 rurual family in Henan Province, Hubei Province, Sichuan Province, and Chongqing munixipanity, this thesis investigates the current stock of the rural social capital from resource – exchanging network, symbolic network, trust and value norms. Then, it verifies the impact of characteristics of age, gender, marriage, and the level of formal education of the family members on social capital. After that, it clarifies the relationships between various types of social capital and analyzes the linkages between social capital and economic behavior of farmers. At last, this paper adopts linear regression model to investigate the influences on the per capita income of farmers by social capital, human capital and material capital. The results show that the richer symbolic social capital network, the longer years of education, and the more people engaged in the second and tertiary industries, the higher the per capita income; on the contrary, the more use of au pair and employment information social capital networks, the lower the per capita income.

Conclusions of this study are: ①Part of the human capital needs the aids of social capital to play a better role. ②The traditional social capital is on the wane and in the differentiation, particularly in the labor – exchanging network and the employment – information network. ③Symbolic network is currently the most important social capital of farmers. ④The trust structure of farmers is dominated in genetic relationships yet, while the trust levels about the formal system and strangers are also not low. And, the trust level should be analyzed according to different situation, which cannot be mixed. The proportion of middle – income families distrusting strangers is larger. Overall, the interpersonal trust is getting better. ⑤The needs of rural and farmers are gradually differentiated from the following aspects, and which call for new forms of social capital: first, farmers are eager for communication with the government. Second, the contents of farmers' demands is becoming rich gradually, and the needs for those aspects of emotional support and recognition, leisure contacts is increasing, so, they need new forms of social capital. Third, the elders, children and rural women left behind in rural areas need special social capital. And last, the division of labor on the basis of specialization in the rural area is accelerating, which needs professional social capital network. ⑥Development trend of social capital are division and differentiation. As a whole, the direction is generalized social capital based on impersonal trust, while particular social capitals continue to deepen in special fields along with special trust, and ultimately forms the reasonable structure of social capital which meets multiple needs of farmers.

Key Words: Rural Social Capital; Farmers' Resources Exchange; Famers' Demand; Function of Social Capital; Farmers' Economic Behavior

目 录

第一章 导论

第一节 研究的背景与主题

任何一个经济主体所从事的经济行为，都不可能在真空中行动，而必须嵌入社会网络之中。因此，社会网络中的人际关系，必然会影响主体的经济行为。中国社会是一个重视关系的社会，同时也是一个典型的二元社会。城市里的市民，从上学、上班到医疗、养老等各方面，均享有一套比较完整的社会保障制度；而乡村的农民，除了近年来在义务教育和医疗方面开始享有一些最基本的保障外，整体上仍被排斥在社会保障制度之外。长久以来，农民不仅只能依靠自己的关系，在市民不愿意进入的低端就业市场从业，而且，筹集生产生活所需资金和解决各种实际问题，同样也需要凭借自己的社会联系。这些关系或者社会联系就属于社会资本。一方面，农村社会资本是农户多种需求的反映，另一方面，它也对农户的需求和经济行为施加着不可小觑的影响。

随着工业化的推进，非农产业就像一个强大的过滤器，筛选出农村中的精英并且把他们的大部分吸入城市。而留下的，绝大部分是不能进入非农业劳动力市场的老弱妇孺，即便有一部分愿意留在农村发展的精英，也仅占极小的比例。与此同时,市场经济的货币价值关系、城市的观念和生活方式迅速向乡村渗透,深刻改变着农民的生产方式和生活方式。所有这些,都必然会影响农村家庭的社会交往方式和价值观念。更为重要的是,在工业化和城市化的过程中,农村中的劳动力、农产品、土地和其他各种农业生产资料等各种生产要素与消费品的相对价格均发生了重大变化,并且,农业收入在农户收入结构中的地位日益下降,这种种变化都会反映到农户的需求变化当中来。农户需求的变化直接影响到农户的经济决策和行为,进而改变农户的社会联系与社会资本。但同时我们也应注意到,农户的社会联系和社会资本并非是完全被动的变量,它们与文化、习俗、观念甚至家庭家族等社会组织方式相互融合、彼此渗透,对农户的经济行为产生各种直接或者是潜移默化的影响。总体上,农户的社会资本与各种需要之间必须相互适应、彼此契合,才能促进农村经济和社会的和谐发展。那么,当前我国农村社会资本的状况究竟如何?它们与农户的经济行为和经济地位之间存在什么样的联系?它们在社会变迁的过程中正在被哪些因素所改变?它们是否适应社会变迁的需要,朝向积极的方向变化?本研究将对这些问题予以关注。

第二节　已有研究述评

一、国外社会资本研究概述

这里按照社会资本理论出现的时间先后,介绍主要代表人物的理论观点。第一个使用社会资本概念的是翰尼范(Lyda J. Hanifan,1916)。他于1916年发表的《乡村学校社区中心》一文中,在解释一个学校为什么成功的时候,用到了社会资本这个概念[①]。不过,最早系统表述社会资本

---

① Michael Woolcock, Deepa Narayan. Imlications for Defelopment Theory, Research, and Policy [J]. The World Bank Research Observer, 2000, 15(2): 225 - 249.

概念的是法国社会学家皮埃尔·布迪厄(Pierre Bourdieu,1980)。他认为社会资本是与某个体制化的关系网络相联系的"实际的或潜在的资源的集合体",是以"社会义务('联系')组成的,这种资本在一定条件下也可以转换成经济资本"[①]。布迪厄的概念是工具性的,他关注的是个人通过对团体的投资而不断增加的收益。他明确指出,"团体成员的身份带来的收益是团结的基础,而团结又使收益成为可能"[②]。

布迪厄之后,詹姆斯·科尔曼(James S. Coleman,1988)从理性选择的角度,对社会资本进行了全面的界定和分析。在科尔曼那里,社会资本的重点仍然是"资源"。他认为,社会资本包含两个要素:一是它组成社会结构的某些方面;二是它便利了结构内个体的某些行动。科尔曼认为社会资本具有公共物品的性质,并进而分析了影响社会资本的因素[③]。有学者批评科尔曼的定义过于模糊,这种模糊导致了社会资本理论的泛化,使得后来者把社会资本的产生机制、拥有社会资本的后果以及"为原因和效果具体化提供背景的"社会组织通通集结到"社会资本"这个概念下来。尽管如此,科尔曼对社会资本理论的贡献是后来者一致公认的。

继科尔曼之后,社会资本的概念出现了微观和宏观两个不同的分析视角。具体而言,伯特、波茨、林南是从微观个体层面对社会资本理论进行阐述,而普特南、纽顿、福山则将社会资本理论运用到宏观的政治生活、经济结构和集体行动层面。

真正使社会资本引起广泛关注的是罗伯特·普特南(Robert D. Putnam,2001)的《使民主运转起来——现代意大利的公民传统》一书。他在该书中把社会资本概念引入政治学领域,通过对意大利南方和北方的政治制度效率的比较研究,探讨了公民社会与社会资本的关系,并这样描述社会资本,"社会资本是指社会组织的特征,诸如信任、规范以及网

① 皮埃尔·布迪厄. 文化资本与社会资本[A]. 包亚明. 文化资本与社会炼金术——布尔迪厄访谈录[C]. 包亚明,译. 上海:上海人民出版社,1997:192.

② 亚历山德罗·波茨. 社会资本:在现代社会学中的缘起和应用[M]. 李惠斌,杨雪冬. 社会资本与社会发展[C]. 杨雪冬,译. 北京:社会科学文献出版社,2000:121.

③ James S. Coleman. Social Capital in the Creation of Human Capital[J]. The American Journal of Sociology, 1988, 94:95 – 120.

络，它们能够促进合作行为来提高社会的效率”[①]。普特南把社会资本视作化解“集体行动困境”的有效机制。在他看来，密集的社会互动网络和自愿性社团的约束机制，有助于减少投机行为和“搭便车”的现象，是易于产生公共舆论和其他有利于培养声誉的方式，因而是建立信任关系的必要基础[②]。普特南的研究也受到了一些学者的批评。批评者认为他在科尔曼含混定义的基础上，继续混淆了社会资本的各个方面，并指出他在测量社会资本的时候遗漏了一些重要的证据。

纽顿（Newton Kenneth，2000）指出，帕特南的社会资本概念将“主观的社会规范（信任）、客观的社会特征（社会网络）和结果（有效性和效能）”混合在一起，“这种处理方式的好处是，它将概念的不同方面以一种有趣的方式结合起来，从而赋予它们以巨大的解释潜力。同样地，它也存在着不足，即它将不同的事物糅合在一起，甚或是混淆了起来，而这些事物之间的关系本应是经验性调查的对象”。纽顿认为，与其将所有这三者都看作是同一事物之一个片断或部分，进而将它们都囊括在一个定义之下，不如将它们分割开来，而把它们之间的关系当作所要调查的对象。因此，纽顿首先区分了作为规范和价值观的社会资本（“心灵的习惯”）、作为网络的社会资本（非正式群体和正式组织）以及作为结果的社会资本（促进集体行动）；并在此基础上建立了三种社会资本模型——“深度”信任与迪尔凯姆模型，“浅度”信任与市民道德的托克维尔模型，现代社会中的抽象信任[③]。

弗朗西斯·福山（Francis Fukuyama，1998）把社会资本引入了文化领域，比较分析了不同文化传统的国家其社会资本与经济规模的关系，并认为东方社会由于缺乏普遍信任，导致经济规模小[④]。他认为社会资本是

---

① 罗伯特·D. 普特南. 使民主运转起来——现代意大利的公民传统[M]. 王列，赖海榕，译. 南昌：江西人民出版社，2001：195.

② 同上书：198.

③ 肯尼思·扭顿. 社会资本与现代欧洲民主[M]. 李惠斌，杨雪冬. 社会资本与社会发展[C]. 冯仕政，译. 北京：社会科学文献出版社，2000：380－409.

④ 弗朗西斯·福山. 信任——社会道德与繁荣的创造[M]. 李婉蓉，译. 呼和浩特：远方出版社，1998.

“一种有助于两个或更多的个体之间相互合作、可用事例说明的非正式规范。这种规范从两个朋友的互惠性规范一直延伸到那些像基督教或儒教之类的复杂而精巧的教条……信任、网络、公民社会以及诸如此类的事物虽同社会资本相关联,但全都属于附带现象,即它们是社会资本的结果,而不是社会资本本身”①。他还说:“社会资本是由社会或社会的一部分普遍信任所产生的一种力量。”②从福山的解释中可以看出,他主张把社会资本的结果与社会资本本身区分开来。但是他同样混淆了社会资本的原因和结果,在他的描述中,信任既是社会资本的结果,又是社会资本的原因。

美籍华裔学者林南(Nan Lin,2005)认为,由于视角的分歧,社会资本理论产生了混乱,“更多的混乱是由一些讨论在各层次之间自由地摆动而引起的”。他主张,“社会资本作为一个关系的财产,必须与集团财产和物品,如文化、规范、信任等分开”。他认为,社会资本的前提是“期望在市场中得到回报的社会关系投资”,而社会资本是“在目的性行动中被获取的和/或被动员的、嵌入在社会结构中的资源”,个体行动者“通过社会关系获取的资源”,就是社会资本或者社会资源。他从社会结构和个体行动两方面论述了影响社会资本的各种因素,“行动很重要,相对于结构具有同等意义。有动机的行动指导着互动”;而行动的努力会受到社会结构的制约,行动和结构在获取社会资本时是相互强化的③。林南的理论中不乏创见性的观点,但是需要大量的实证研究予以检验。

亚历山德罗·波茨(Alejandra Portes,1995)也从微观的角度定义社会资本。他认为社会资本是“个人通过他们的成员资格在网络中或者在更宽泛的社会结构中获取短缺资源的能力。获取(社会资本)的能力不

① 弗朗西斯·福山. 公民社会与发展[M]. 曹荣湘. 走出囚徒困境:社会资本与制度分析[C]. 俞弘强,译. 上海:上海三联书店,2003:71.

② 弗朗西斯·福山. 信任——社会道德与繁荣的创造[M]. 李婉蓉,译. 呼和浩特:远方出版社,1998:34.

③ 林南. 社会资本——关于社会结构与行动的与理论[M]. 张磊,译. 上海:上海人民出版社,2005:24,25,28,42-52.

是个人固有的，而是个人与他人关系中包含着的一种资产”①。他的定义在布迪厄的基础上进一步具体化。布迪厄强调的是个体在某个团体中的成员身份以及与此相联系的资源，波茨把团体扩展到了“更广泛的社会结构”，并且把重点放在个体通过成员资格获取短缺资源的“能力”上。波茨对社会资本理论的重要贡献在于，他首次提出“消极的社会资本”概念，区分了“积极的”和“消极的”社会资本功能②，并指出群体结构的封闭性是产生消极社会资本的原因。

从布迪厄、科尔曼、普特南到林南，从微观到宏观，社会资本的理论框架逐渐丰满，但是仍然未达成一致的认识。有人认为，社会资本是多维度的，很难说哪一种定义更加正确。有人把具有社会组织特征的信任和互惠关系看做社会资本，也有人把社会资本看做行动准则的集合、社会关系网络或以上想法的综合。无论是布迪厄、科尔曼，还是普特南、林南等，他们的定义都不涉及对错问题，都是服务于各自的分析目的③。

伍考克（Michael Woolcock，1998）对20世纪社会资本理论的研究进行了比较全面的总结。他认为，20世纪80—90年代社会资本研究最出色的两个领域，一个是从微观层面研究企业家伦理，另一个是从宏观层面进行国家-社会关系的比较制度研究。前者的代表人物有伊凡·莱特（Ivan Light）、亚历山大·波茨（Alejandro Portes）、罗杰·瓦尔丁格等人，后者有罗伯特·贝茨（Robert Bates）、爱丽斯·阿穆斯登（Alice Amsden）、彼得·伊文思（Peter Evans）和罗伯特·韦德（Robert Wade）等人。伍考克归纳出目前的社会资本研究主要集中在七个领域：①社会理论；②经济发展；③家庭和青年行为；④学校教育和社会教育；⑤共同体生活；⑥工作

---

① Alejandra Portes. Economic Sociology and the Sociology of Immigration: A Conceptual Overview [M]. Alejandra Portes. The Economic Sociology of Immigration: Essays on Networks, Ethnicity, And Entrepreneurship [C]. New York: Russell Sage Foundation ,1995: 12 - 13.

② 亚历山德罗·波茨. 社会资本：在现代社会学中的缘起和应用[M]. 李惠斌，杨雪冬. 社会资本与社会发展[C]. 杨雪冬，译. 北京：社会科学文献出版社，2000：119 - 145.

③ 燕继荣. 投资社会资本——政治发展的一种新维度[M]. 北京：北京大学出版社，2006：87 - 88.

和组织；⑦民主和政府治理；⑧集体行动问题①。

二、国内社会资本研究概述

国内学者对社会资本的研究大致从20世纪90年代中期开始，以社会学为主，经济学、政治学和哲学随后陆续加入。国内最早提出并具体研究社会资本概念的是张其仔。他把社会资本定义为社会网络，结合经济学和社会学的理论，试图发现社会资本对厂商行为、经济增长、劳动力转移、技术创新以及制度创新的影响②。他在社会资本研究方面最成功的例子，主要是对福建一个村庄的社会资本进行的量化研究。

总体上，国内的社会资本研究主要集中在以下几个方面：一是引进介绍国外社会资本理论，研究者有杨雪冬（1999）、赵延东（1998）、钟涨宝（2001）、殷德生（2001）、吴江和黄晶（2004）等；二是研究社会资本与经济发展，以张其仔（1999）、边燕杰和丘海雄（2000）等人为代表；三是探讨社会资本与政治发展，有燕继荣（2006）和孙昕（2007）等；四是研究社会资本与阶层分化，有樊平（2003）等；五是研究社会资本与城市社区发展，有桂勇（2003）等；最后是研究社会资本与"三农"问题，有张其仔（1996）、彭庆恩（1996）、周红云（2007）和郑传贵（2007）等。

这里重点梳理国内学者在农村社会资本方面的研究成果。

"三农"问题是国内社会资本研究的重要领域。其中最有影响的是对社会资本与农村经济和农民工关系的研究，主要有张其仔、边燕杰、李培林、王奋宇和赵延东等人。张其仔（1999）运用西方社会网络分析的理论，对福建省某个村庄的社会网与经济生活进行了案例研究，通过计算嵌入系数来考察该村庄成员在兴办企业时最愿意利用的社会关系。他的研究结论是，在各种关系中，兄弟姐妹、朋友和亲戚这三种最强关系最有可

---

① Michael Woolcock. Social Capital and Economic Development: Toword a Theoretical Synthesis and Policy Framework[J]. Theory and Society. 1998,27:151－208.

② 张其仔．社会资本论——社会资本与经济增长[M]．北京：社会科学文献出版社，1999.

能被运用于村民兴办企业的过程[①]。张的研究对于后来者研究中国农村的社会资本很有借鉴意义。但是,一个村庄里兴办企业的农民毕竟是很小的一部分人群,被调查者设想自己办企业的情境与实际上兴办企业的情况也有明显区别。此外,他忽视了制度、文化规范等方面对社会资本的影响。边燕杰(1999)通过调查天津农民的求职网,发现了强关系的力量[②]。李培林(1996)调查了进城农民工的社会网络,指出社会网络与社会资本在民工进城过程中发挥着节约交易成本和信息成本的作用[③]。王奋宇和赵延东(2003)发现,社会资本对农民工经济地位的获得,已经超过了人力资本,并且,人力资本只有结合社会资本,才能更充分地发挥作用[④]。

关注社会资本对农村村级治理影响的学者主要有周红云、孙昕等人。周红云(2007)对社会资本的界定,基本上可以看出她比较认同张其仔的社会资本定义,她把目前中国农村的社会资本划分为四种网络类型:家族宗族网络,功能性网络,象征性网络,以及一般"人际关系"网络。她的研究结论是,家族宗族网络对农村治理的影响最大,象征性网络对农村治理的影响则主要出现在那些宗教信仰地位极为重要的农村,一般性人际关系网络不会体现出强大的影响力,而新兴的功能性组织网络发挥着越来越重要的作用,甚至成为将来中国农村需要重点培养的社会资本形式[⑤]。孙昕(2007)通过实证分析发现,村民对基层政府的政治信任程度是影响村民参与村委会选举的一个重要决定因素[⑥]。

韦璞(2007)以贵州省黄果树社区为例,研究了贫困地区农村老年人社会资本水平及其对他们对生活质量的影响。他发现,那里的老年人社

---

① 张其仔. 社会网与基层经济生活——晋江市西滨镇跃进村案例研究[J]. 社会学研究. 1999(3):25-34.

② 边燕杰. 社会网络与求职过程[J]. 国外社会学. 1999(4):1-13.

③ 李培林. 流动民工的社会网络和社会地位[J]. 社会学研究, 1996(4):42-52.

④ 王奋宇,赵延东. 流动民工的经济地位获得及决定因素[A]. 李培林. 农民工——中国进城农民工的经济社会分析[C]. 北京:社会科学文献出版社, 2003:134-148.

⑤ 周红云. 社会资本与中国农村治理改革[M]. 北京:中央编译出版社, 2007.

⑥ 孙昕,徐志刚,陶然,苏福兵. 政治信任、社会资本和村民选举参与——基于全国代表性样本调查的实证分析[J]. 社会学研究,2007(4):165-187.

会网络规模小，在个人社会资本结构上过于依赖儿子的支持，而子女外出务工却减少了老年人的社会资本。另外，村落群体社会资本较低，村民之间的信任与团结水平不高，村庄凝聚力较差、村庄集体行动能力较弱。他的研究表明，村民之间的互惠状况和老年人参与村庄活动的状况对老年人的生活质量具有统计显著性影响[①]。

关注农村社会资本整体现状的学者有奂平清、杨月如、林聚任和刘翠霞等人。奂平清(2002)从社会支持、社会信任等七个方面，调查了其家乡西北某村的社会资本状况。他发现，其一，该村农民对村庄外部的社会信任度明显低于对村庄内部的社会信任度；其二，关系资源是农民非农化的主要途径和社区农民发生阶层分化的主要动力；其三，家庭、家族等微观层次的社会资本水平高，而社区及更大范围层次的社会资本水平低；其四，社区仪式在改革开放初期得到复兴并逐渐达到高潮，但是在 20 世纪末期却迅速衰落。他主张创新农村地方文化，减少仪式的复杂性和迷信的成分，加强其娱乐性和欣赏性[②]。杨月如(2006)从哲学视野分析了我国城市和农村社区的社会资本现状。她指出，由于市场化的影响，农村社区人际关系的理性化十分明显，村民之间的交往很讲究实利，社区内的互惠规范也变得淡薄。不仅如此，由于公民参与网络的缺乏，致使农村社区内的信任、共享规范、参与及合作等现代型社会资本也都比较缺乏[③]。林聚任和刘翠霞(2005)从社会风气观、公共参与、处世之道、信任安全感以及关系网络等五个方面对社会资本进行了测量[④]。

有学者注意到了社会资本风险的防范。社会资本属于非正式制度，对群体相关成员的约束主要依靠道德和舆论等软性力量，而且社会资本随着年龄、正式制度等因素的变化会发生相应改变。因此，对社会资本的投资和使用必然存在风险。顾慈阳(2004)利用保险学的原理，为防范社

---

① 韦璞．贫困地区农村老年人社会资本对生活质量的影响研究——以贵州省黄果树社区为例[D]．上海：华东师范大学博士论文，2007.

② 奂平清．农村社区社会资本状况研究——西北弓村实地研究[D]．兰州：西北师范大学硕士论文，2002：35，41，47－49.

③ 杨月如．社会哲学视野中的中国社会资本研究[D]．北京：中央党校博士论文，2006.

④ 林聚任，刘翠霞．山东农村社会资本状况调查[J]．开放时代，2005(4)：119－138.

会资本的制度缺陷设计了“社会资本保险”的险种①。不过,在社会资本本身的测度问题尚未解决的情况下,作者虽为其设计了险种,却显然无法计算费率。此外还需要指出的是,社会资本本身属于非正式制度,如果能够用投保的方式确保其收益,那么就已经转化为市场机制的一部分了,这显然不再属于社会资本的范畴。再者,如果投入的资源重要到足以用保险的方法去防范的地步,无论个体还是团体,均将选择采用正式的市场机制来运作,而非选择社会资本。

三、社会资本理论研究的评价

(一)社会资本理论尚存许多争议和不足

社会资本概念从最初仅限于关系网络资源,发展到后来包括文化、信任、政治和法律等诸多方面,这不免让一些学者感到忧虑甚至产生反感。本(Ben Fine,2001)就批评社会资本概念是“彻底混乱、含混不清的普遍范畴,几乎在任何目的下都能使用这张概念的大伞”②。波茨(1998)则认为,“社会资本在理论上的最大魅力在于个人层面……若将它重新定义为大量集合的结构特征在本质上没有错。然而,这种概念上的偏离需要更多的关注与理论方面的精炼,然而目前尚付之阙如”③。但也有不少支持宏观社会资本概念的学者或机构,如 Kimberly Lochner, Steve Knack, Kawachi 和世界银行等。其中,世界银行的社会资本定义,明确包括了各种制度:“社会资本指的是形塑一个社会中社会互动质量的制度、关系及规范……社会资本不仅是依附在社会底下的制度总和,它还是使它们能紧聚一起的黏合剂。”④

伍考克(Michael Woolcock,2000)总结了社会资本理论和实践在四个

---

① 顾慈阳. 社会资本理论及其应用研究[D]. 天津:天津大学博士论文,2004.

② David Halpern. 社会资本[M]. 黄克先,黄惠茹,译. 台北:巨流图书公司, 2008:12.

③ Alejandra Portes. Social Capital: Its Origins and Applications in Modern Sociology[J]. Annual Review of Sociology, 1998, 24: 1-24.

④ World Bank. What is Social Capital [EB/OL]. http://web.worldbank.org/WBSITE/EXTERNAL/TOPICS/EXTSOCIALDEVELOPMENT/EXTTSOCIALCAPITAL/0, contentMDK: 20185164 ~ menuPK:418217 ~ pagePK:148956 ~ piPK:216618 ~ theSitePK:401015,00.html,/2011-02-01.

方面的不足:第一,社会资本的修正派试图用太少的理论解释太多的现象。第二,社会资本概念混乱,社会资本究竟是社会关系的基础还是社会关系的内容,是“中介”还是“信息”,抑或是二者的结合?并且难以区别“社会资本的来源(和)从中得到的收益”。第三,社会资本在政治领域广泛使用带来了不同的解释结果,它可以为矛盾的公共政策措施进行辩护,并因此被来自政治领域内鼓吹各种观点的人所利用。第四,低估了社会资本的消极面①。

除了上述四点之外,社会资本理论还有一个关键的缺陷,那就是它的测量问题始终没有真正解决。达斯古普特(Partha Dasgupta,2000)指出,社会资本概念“鼓励我们将不可测度的事物,即信仰、行为规范、人际网络等类型的资产混合起来——而同时并未说明资产混合的方式”②,也就是说,没有明确测量这些社会资本的方法。

由于上述原因,不少学者怀疑社会资本这个概念是否有意义,或者是否有存在的必要。比如,诺贝尔奖获得者阿罗(Arrow,2000)③和索洛(Solow,2000)④都反对“社会资本”这一概念的使用。

(二)国内对农村社会资本的研究仍存在缺憾

首先,社会资本的定义一直没有定论。大部分学者是在研究特定主题的时候,结合自身的研究领域和目的,各自给出自己的定义。换句话说,社会资本定义尚处于不断探索、各抒己见的阶段,因此,有必要对社会资本定义加以进一步的讨论。

第二,目前对社会资本的测量,主要是把各种指标综合成为一个指数。这样虽然便于判断、比较和定量分析,但往往隐藏或模糊了许多重要

---

① 迈克尔·伍考克. 社会资本与经济发展:一种理论综合与政策框架[A]. 李惠斌、杨雪冬. 社会资本与社会发展[C]. 郗卫东,译. 北京:社会科学文献出版社,2000:251-256.

② 帕萨·达斯古普特. 经济发展与社会资本观[A]. 帕萨·达斯古普特,伊斯梅尔·萨拉戈尔丁. 社会资本,一个多角度的观点[C]. 张慧东,姚莉,等,译. 北京:中国人民大学出版社,2005:415.

③ 肯尼斯·阿罗. 放弃“社会资本”[A]. 曹荣湘. 走出囚徒困境:社会资本与制度分析[C]. 曹荣湘,译. 上海:上海三联书店,2003:225-228.

④ 罗伯特·索洛. 论经济运行与行为模式[A]. 曹荣湘. 走出囚徒困境:社会资本与制度分析[C]. 武锡申,译. 上海:上海三联书店,2003:229-234.

的信息，尤其是一些可能方向相反的信息，从而很难揭示真正的问题和规律。达斯古普特指出，“信仰、行为规范、人际网络等类型的资产”不能混合在一起，必须对它们进行单独研究①。

第三，已有对社会网络的测量多限于潜在的社会资本。实际上，如果潜在的社会资本没有被主体意识到，或者虽然意识到却并未得到利用，将会逐渐被主体忽略甚至抛弃，因而应看作是一种闲置的或者浪费的社会资本。

第四，目前对社会资本与农户经济行为之间关系的研究，尚不能向我们展示关于农村社会资本与农户经济行为之间关系的清晰画面。多数文献仅限于关注某一方面（如乡镇企业或者流动民工）或某一村庄某方面的经济表现，或者借鉴他人的数据佐证自己的推理，并且有些方面的国情已经时过境迁（比如乡镇企业和农民工流动），有关的研究也亟须做出相应的调整。此外，涉及其他经济行为的社会资本，尤其是对农民换工的行为与相应社会网络的研究，仍然比较缺乏。

鉴于上述原因，有必要针对当前农村的社会资本状况进行实证研究，全面了解社会资本的目前状况，以探讨社会资本与农户经济行为和经济地位之间的互动关系。

第三节　本书的社会资本定义及分类

一、本书的社会资本定义

一个具有高度概括性的统一的定义对任何一项研究都意义重大。但是社会资本概念的使用领域广泛，不同的研究视角也许会有不同的界定。

① 帕萨·达斯古普特．经济发展与社会资本观[A]．帕萨·达斯古普特，伊斯梅尔·萨拉戈尔丁．社会资本，一个多角度的观点[C]．张慧东，姚莉，等，译．北京：中国人民大学出版社，2005：415.

"人们并不要求你的定义与他们相同,只希望能从你的定义中明白你讨论的是哪一桩事物,从而免除误读和误会。这是定义的价值之一。"①通过对社会资本理论发展脉络的梳理和讨论,本书认为,社会资本概念具备以下特征:

首先,"资本是积累的劳动"②,社会资本也是积累的劳动,它需要主体进行投资。这种投资可以是活劳动或者物化劳动,需要付出时间和精力,往往还需要主体进行抉择,决定往哪里投入以及投入多少这类劳动。抉择需要有高质量的劳动和冒险的精神,以及承担风险的能力。在社会资本投资中,有的是先赋性的社会资本,伴随着个体的出身而天然存在,但即使如此,个体在后天同样可以选择在先赋性的社会资本中多投入或者少投入。正是这些投资使得当事人在未来有了占有某种社会资源的权力。"当这种劳动在私人性,即排他的基础上被行动者或行动者小团体占有时,这种劳动就使得他们能够以具体化的或活的劳动的形式占有社会资源"③。

第二,社会资本具有资本的共同特性,即生产性和增殖性。"物质资本与人力资本为生产活动提供了便利,社会资本具有同样的作用。例如,与成员之间互不信任的群体相比,一个相互恪守承诺、彼此信任的群体更有利于生产活动的进行"④。成员之间相互交换生产所需的劳动力、资金、信息和技术等各种资源,更是直接为生产活动提供生产条件。马克思指出:"资本是能够带来剩余价值的价值。"增殖性是资本的本质特征,因此,社会资本的增殖性,是社会资本作为资本的关键依据。社会资本的增殖性,主要产生于三个方面:一是社会资本促使群体成员的各种资源得到充分合理的利用,降低了资源的冗余和浪费;二是社会资本降低了交易成

---

① 郑也夫. 信任论[M]. 北京:中国广播电视出版社, 2001:7.

② 皮埃尔·布迪厄. 文化资本与社会炼金术[M]. 包亚明,译. 上海:上海人民出版社,1997:189-190.

③ 同上书:190.

④ 詹姆斯·S. 科尔曼. 社会理论的基础[M]. 邓方,译. 北京:社会科学文献出版社,1999:356.

本和监督成本，促使行动降低成本、提高效率，产生了“合作剩余”[①]；三是信任、互惠、参与和合作这些文化道德规范作为非经济因素带来的社会效益、社会价值[②]。

第三，社会资本存在于特定社会结构的某种或某些功能。这种（些）功能可以是情感性（表达性）的，也可以是工具性的，或者同时兼有情感和工具的功能。所谓特定的社会结构，是指这样的一种社会网络，它由具有相似特征的人联结而成，这些相似特征包括相似的职业、相似的血缘、相似的地域、相似的兴趣和相似的经历，等等。相似的特征使得他们产生相似的需要，并促使他们有机会联系成一个共同体。用通俗的话来说，即所谓“物以类聚，人以群分”。

第四，不同的社会结构形式有不同的社会资本形式和水平，正式制度和社会结构均会影响社会资本，而经济结构则是决定社会资本的关键因素。中国与西方国家的社会结构不一样，中国的农村与城市社会结构不相同，与昔日的农村社会结构相比，今天的乡村社会结构也已发生了重大变化。因此，既不能简单搬用西方的社会资本形式（如自愿者组织）来衡量中国的社会资本状况，也不能完全按照城市或者既往的乡村社会资本状况来评判今日的农村社会资本。国家作为一种强权，曾经在 20 世纪 80 年代逐渐淡出乡村社会，然后在 21 世纪借助于取消农业税、提供种粮补贴、进行新农村建设等各种重要事件，以经济功能为主的角色重返乡村。与此同时，市场经济加速深化，举国农民纷纷进城从事非农产业，农村的土地、劳动力等各种资源的相对关系正在发生着深刻的变化，农民的职业、生产和生活的内容及场域皆与过去迥然不同。一方面，作为正式制度建构者的政府，其种种行为必然会影响农村社会网络的规范和信念；另一方面，经济基础的变化更是决定性的，生产方式的改变，意味着农民之

① 合作剩余：指一定的群体或组织以获取稀缺资源或共同收益为目的、通过人际的相互配合而取得的超过他们各自单个活动收益总和的那部分社会效益。它包括各种形态的收益。见：卜长莉. 社会资本与社会和谐[M]. 北京：社会科学文献出版社，2005：165.

② 同上书：173 - 176.

间的关系不会再局限于费孝通先生所述的"差序格局"①。

第五，与其他资本一样，社会资本也有运转的规则、价值观、实体和目的。本书倾向于赞成扭顿等人的观点，即价值观念、规范、信任、互惠、合作与社会网络不能混合在一起、平行相加来定义社会资本。本书认为，信任、互惠均只是社会资本形成与运作的规则，如同运用金融资本、物质资本的各种规章制度一样，信任与互惠规定着使用社会资本的规则，维护社会资本场域的秩序，而不是社会资本的具体内容。社会资本的实际内容是信任、互惠等规则的具体表现形式，即个体付出什么、收获什么，以及通过什么载体来付出和收获。互惠交换是社会资本生产和再生产的基本原则。信任是社会资本运行的润滑剂，而合作则是社会资本的目的与正面结果。社会资本投资和运作之目的就是促进网络中成员合作行动的达成，促使资源得以充分利用和增值。文化和价值观念如同企业文化，指引着社会资本网络中各种规范的形成和转变。只有社会网络才是社会资本的实体，它由成员之间的相互关系组成，是容纳着各种社会资源在其中流动的平台。

第六，社会资本网络是一个类市场的交换平台，它的交换原则是互惠交换而不是等价交换。互惠交换是以人际关系的建立和认同为目的，通过仪式、象征和日常交往而发生的交换关系。互惠与市场交换并不是相互排斥的，而是承担不同的社会功能。互惠不同于经济理论中的理性选择，互惠交换中不同价值的优先排序也不是经济交换中的效益和偏好所能解释的。互惠可以是平等的信任关系和情感关系，也可以是不平等的依附/庇护关系或恩赐与受益关系。互惠交换强调默契、仪式和象征意义，互惠交换的目的主要在于建立、确定、维持和巩固特定的社会关系②。

因此，本书认为，社会资本的实质是一个交换平台以及平台里流动的社会资源，它是提供给具有相似特征的群体彼此间交换资源、支持和价值观念的网络平台，而获取在平台里流动的社会资源则是个体互动的主要目的。社会资本既有经济功能，也有社会功能。单从经济角度来说，它又

---

① 费孝通. 乡土中国[M]. 北京：人民出版社，2008：25－34.

② 樊平. 社会流动与社会资本——当代中国社会阶层分化的路径分析[J]. 江苏社会科学，2004(1)：28－35.

兼有两方面的特征和功能。一方面，它具有市场和企业的特征和功能，均是按照一定的规则对人力、财力、物资和信息等各种资源进行整合，促使个体和集体行动顺利完成；另一方面，它具有“存钱罐”的功能，个体可以把平常不多的零散资源投入进去，以备不时之需。社会资本与企业又有不同：首先，社会资本不是一个生产组织，它只是能够提供生产组织所需的资源。其次，企业是按照等级制度来管理组织当中的个体，而社会资本是按照自愿组合的原则，合则留，不合则散。社会资本与市场也有区别：第一，社会资本的各种资源没有明码标价，而市场里的各种资源是明码标价的。第二，社会资本的情感功能和工具功能混合在一起，且更多是以情感的形式表现出来，而市场的功能纯粹是工具性的。市场有一个逐步分化发展的过程，由最初以物质交换为主的市场，到逐步分化出劳动力市场、技术市场、信息市场、金融市场，等等。同样地，社会资本也会随着社会和经济生活的发展，逐步演化出各种专业性的社会网络，如交流情感的网络、切磋技术的网络、交换资金的网络、讨论问题的网络、共享信仰的网络、一起娱乐的网络，等等。社会资本的社会网络与非正式组织的区别在于，前者是某个主体（个体或组织）涉及的所有关系网络，其中包括正式组织和非正式组织，而后者仅仅是前者的一个组成部分。

二、产生社会资本的动力

本书认为，产生社会资本的基本动力主要有四个来源：①不确定性及其伴随的风险；②人类对安全和情感交往的需求；③降低行动成本的动机；④闲置资源的普遍存在。

首先，人类面临的各种不确定性以及由此而来的风险，是产生社会资本的重要原因。不确定性主要来自外部环境变化的不可预知性和人类自身行为的投机性，威廉姆森分别把它们称作参数式的不确定性和行为式的不确定性[①②]。人类本能地会对陌生的事物和不可知的未来感到恐惧

---

① 奥利弗·E. 威廉姆森．资本主义经济制度——论企业签约与市场签约[M]．段毅才，王伟，译．北京：商务印书馆，2002：86－87.

② 罗家德，叶勇助．中国人的信任游戏[M]．北京：社会科学文献出版社，2007：21－22.

和不信任,而对熟悉和了解的事物则会产生亲切感和信任。为了抵抗外部的各种天灾人祸,人类以地域为单位,创造出各种观念、信仰和仪式,在仪式的操演过程中拉近与自然的距离以及内部成员之间的距离,制造出熟悉和亲密的关系,祈求天地神灵护佑,并期冀在遭遇灾祸之时团体内部成员能够共同抵御。同样,为了降低人类行为的不确定性和风险,人们需要增进相互的了解,因而产生了交往的动机。但是人类的机会主义倾向,决定了人类仅仅依靠熟悉不足以免除人类自己制造的风险,还需要克服囚徒困境的法则。社会交往一方面使人们相互熟悉,另一方面也使人们在反复的博弈过程中形成了互惠、信任等社会规范。在相互交往的社会网络中,不讲信用的人不但要承受巨大的心理压力,使自己和家族的荣誉受损,还将阻碍其与其他成员的交往。个人和家族的荣誉在这里充当了信任与互惠交换的隐性抵押品,对机会主义行为和欺骗行为产生无形的约束和惩罚,使机会主义和道德风险大大降低。

第二,人类对安全、情感交往和尊重的需求,以及人类需求的逐步演进与日益复杂多样化,是社会资本产生的第二个原因。根据亚伯拉罕·马斯洛的需求层次理论,人类的需要由低层次到高层次依序有生理需求、安全需求、社交需求、尊重需求和自我实现需求五大类,每一个大类中又包含许多具体内容,并且人的需要随着个体的受教育程度、年龄增长以及社会的经济和文化发展水平等因素的变化而变化。社会网络既有市场机制交换和配置资源的功能,也有正式组织(包括企业、家庭,等等)满足安全感、归属感、尊重和成就感的功能,还有寻求情感支持和共享信仰的功能。随着计划生育的持续推行、独身主义和丁克家庭的流行,先赋性的强关系网络在日益缩小,而正式组织中激烈的竞争导致人际关系疏离,现代人的孤独感和不安全感越来越强烈,因此,需要通过社会交往来获得归属感和安全感。随着环境的迅速变化,人类的需要仍然在继续演变,变得更加复杂化与多样化,许多需要得在各种社会交往中去寻求满足。此外,市场和正式组织均属于陌生人基于普遍信任和规则的集合,它们的专业性很强并且实行单一的等价交换,进入和退出的成本都比较高,从而无法完全满足人类复杂多样的交换需求,难以覆盖人类生产和生活的各个角落。

在市场和企业达不到的地方，就需要有社会资本网络发挥作用。

第三，人类对不断降低行动成本、提高行动效率的追逐，是社会资本产生的第三个原因。人类的演化历史就是一部降低行动成本、增加行动便利的历史，各种工具、媒介和组织方式，无一不是向着这个方向演变。由于市场和正式组织的专业性强，其建立、维护和参与都需要较高的成本。而社会资本可以利用人们在进行各种其他活动的时候产生的副产品或者利用人们的闲散细碎的资源，来降低群体成员搜寻信息、谈判和监督的成本，因而有着超越市场和企业等正式组织的成本和便利优势。

第四，现实中大量闲置资源的普遍存在，是社会资本得以形成的客观条件。随着人类生产生活的丰富，个体和组织拥有的资源也日益繁多，许多资源并非时时刻刻都能得到充分的利用。比如，家里闲置的各种生活用具，企业临时闲置的工具和场地，个体的空余时间、精力乃至爱心，个体与组织的剩余信息，凡此种种，甚为普遍。其中，组织的闲置资源多数可以通过市场获得利用的机会，但是个体的零散闲置资源往往难以通过市场渠道加以利用。比如说，你有一个吹风机，尽管大部分时间都处于闲置的状态，你也不会愿意把它出租给别人。而对需要临时使用吹风机的人来说，与其租赁，不如购买。其原因有三：一是租赁涉及烦琐的程序和规则；二是租赁利益很小，较高的成本只能带来较低的收益；三是对这样小的资源，你会觉得没有必要去计算得失。又比如，邻居找你临时帮忙浇花、某人问询你熟悉的某个地方的道路，你不会把它们当做资源去市场里交易。诸如此类，是相同的道理。总体上，前述理由可以归纳为三个方面：第一，由于资源不足够多或者价值不足够大，不值得专门去寻求投资的出路；第二，许多资源的价值是不确定的，根据环境的变化而变化；第三，人们并不总是具有收益和成本的计算能力以及时刻计算的愿望。这三个方面的原因最终导致这些闲散资源的供求不会形成市场，或者说市场的规则不适应这些资源。这样的闲置资源大量、普遍地存在于社会之中，这就为在社会网络中进行资源交换创造了广泛的需求。

三、本书的社会资本分类

本书认为，社会资本的实体部分表现为各种网络形式，信任和互惠交换则是社会资本形成和运作的规则，而非社会资本本身。并且，本书不赞同把正式制度作为社会资本。尽管正式制度会深刻地影响到社会资本的规范和价值观念，也会强烈地影响到社会资本的形成、发育以及社会资本的水平，但正式制度本身并不属于社会资本的范畴。否则，社会资本就成了无所不包的概念百宝箱，也不符合人类社会分工演化的规律。因此，本书针对社会资本的分类，仅指对社会资本网络进行的分类。

按照社会资本的工具性和情感性两个指标，可以将当前中国农村的社会资本网络大致分为以下四种类型（情感性自下而上递增，工具性则由左向右递增），具体见图 1－1：

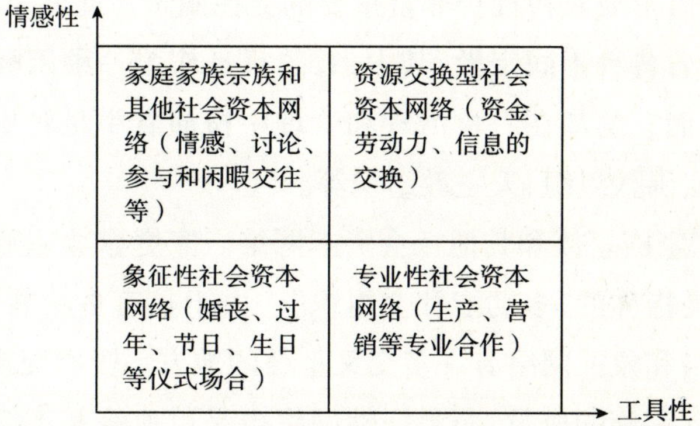

图 1－1　农村社会资本网络的类型

（1）资源交换型社会资本网络。它主要体现为劳动力、资金、信息等各种资源的相互传递和交换，包括换工、资金往来、打工信息交换、市场和技术信息交换等网络。这种网络的情感性和工具性成分在各种网络中均达到最高。一方面，它在日常生活中表现为情感性的密切联系；另一方面，这种交往的目的之一是在需要的时候能够动员网络中的社会资源，实现资源交换的功能。工具性功能以情感性的形式表现出来，情感既是载体，也是履行偿还义务的保证。

（2）专业性社会资本网络。它主要体现为村民为实现生产、营销等专门领域的交流互助而主动建立的专业组织网络，如柑橘合作社、蔬菜合作社、养鸡专业协会、运输合作社、财务监督小组等。这种类型的网络类似于科尔曼提出的五种社会资本形式中的“有意创造的社会组织”。它是一种有意识建构的、典型的工具性网络，是适应农村生产专业化分工的需要而产生的。与资源交换网络相比，它的工具性成分达到最高但情感性成分较低，以更明确的工具性目的表现出来。尽管如此，它也混合了情感的成分，否则交往就很难长期维持下去。这种网络具有现代社会资本的专业化特征，是社会资本分化的一种结果，也是社会资本发展的一个重要方向。

(3)象征性(符号/仪式性)社会资本网络。主要指因习俗、惯例、宗教信仰等原因而形成的网络①。几千年传承下来的年节和红白喜事庆典等各种仪式性场合，在中国人心目中已经沉淀为一种文化象征甚至是某种程度的信仰，形成农村社会非常重要的交往圈子。此外，在我国一些农村地区，信奉着各种不同宗教，其中，有的只是作为一种闲暇的消遣或者精神的寄托，而有的却在农村治理和管理中扮演着举足轻重的作用。例如庙会、灯会、佛教组织、天主教组织等。

(4)家庭家族宗族和其他社会资本网络。家庭家族宗族社会资本网络属于科尔曼指称的“多功能社会组织”。由于具有多功能的特征，它与资源交换网络和象征网络有许多交叉重叠的地方。资源交换网络中必然包含很多家族宗族的成员，而象征性网络也是以血缘和地缘作为最重要的基础。之所以单独列出家族宗族网络，一方面是由于中国在几千年的封建社会里，社会治理主要依靠家族宗族的自组织来进行管理，并且至今它仍然在许多方面发挥作用；另一方面，由于中华民族是一个祖先崇拜的民族，家族宗族网络是遵循儒家的伦理规范来维持秩序，具有区别于前三类网络的独特机制。除此以外，农民还根据自己的兴趣爱好自愿结成各种情感性网络。这些兴趣爱好群体有的源自传统，如古代就有文人墨客聚集的诗友会；有的来自计划经济时期政府刻意倡导形成的群众性组织，

① 周红云．村级治理中的社会资本因素分析——对山东C县和湖北G市等地若干村落的实证研究[D]．北京：清华大学博士论文，2004：43.

如秧歌队;也有的是现代社会的产物,如老年协会。随着社会的逐步分化,情感功能正在逐渐分离出来,形成专门的交往网络、谈心网络等。考虑到情感性网络及自愿参与的网络目前均尚未正式成形,而是更多地融合在家庭和日常交往的网络当中,因此本书把它们与家庭家族宗族社会资本放在一起。

在现实当中,并不存在纯粹的、泾渭分明的社会资本网络形式,它们往往你中有我、我中有你,尤其是资源交换、象征、家庭家族宗族这三种类型的网络,大部分是交叉缠绕在一起,但是,它们彼此并不等同。尤其是随着生产力的演变,各种社会功能逐步分化和日益专业化,正呈现出一种彼此分离的趋势。与此同时,专业化的网络中也发展出情感和资源交换的功能,这也是为什么社会资本这种资源交换平台不能向两端发展为市场和企业的重要原因。因为它的演变不能用某种单独的媒介加以划分,不以分工为唯一的趋势,而是情感性与工具性同时兼备。工具性作为其发展完善的手段,而情感性则是链接的桥梁与融合的润滑剂。此外,此四种形式的社会资本并非在所有的农村地区皆以相同的面目出现,它们会因地区和历史时期的不同而不同,具有时空镶嵌的特征。尤其对于专业性社会资本网络而言,更加受制于当地的生产方式和经济发展水平。在有的农村地区,家族宗族网络占有重要地位;而在有的地区,功能性网络的作用更突出;至于宗教信仰在各地农村的地位和影响力,则更是千差万别。

第四节 研究的思路及主要内容

一、本书的研究思路

本书的研究主题是社会资本与农户经济行为,重点在考察各种社会资本的过程中,分析其与农户表现出的各种经济行为之间的关系,并最终归结到经济行为的结果——经济收入上来。因此,本书旨在解决四个方面的问题:首先,在前人论述的基础上加以逻辑分析和讨论,重新界定社会资本;第二,根据社会资本定义,对农村社会资本进行分类和测量;第三,验证已有研究关于年龄、性别、文化、政治面貌和婚姻等个体特征对社会资本的影响等理论;第四,探讨各种类型的社会资本与农户经济收入、就业结构等经济水平和经济行为之间的关系。在解决上述四个问题之后,本书的最终目的,是在获得关于农户社会资本存量比较全面的信息,并理解社会资本存量与经济行为之间互动关系的基础上,对农户社会资本的未来发展方向作出合理的推测和判断。

具体的研究思路展示如图 1-2 所示:

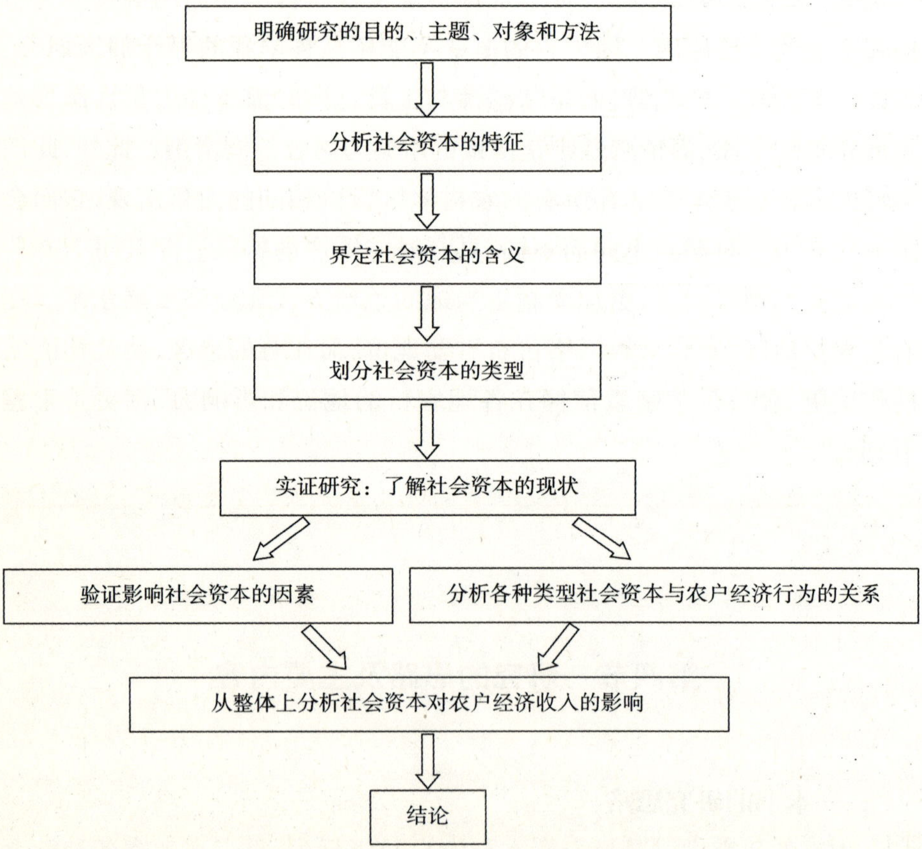

图 1-2　本书研究思路

二、本书的研究内容及结构安排

本书共分七章,结构安排如下:

第一章是导论。主要交代本研究的背景与主题,阐明研究的目的和意义,并对已有的社会资本研究进行了梳理。在此基础上,从分析社会资本概念的特征入手,对社会资本进行重新界定与分类,并进而确定社会资本测量的思路。此外,本章还对本书研究的对象、数据及方法进行了交代和说明。

第二章是本书的理论部分。这一章展示了社会资本理论迄今为止形成的主要框架,包括社会资本的各种定义,社会资本的类型与特征,社会资本的功能,社会资本的产生、增长和消减,社会资本与正式制度,以及社会资本的测量。

第三章至第六章以实证研究为主,是本书的主体部分。其中,第三章研究资源交换型社会资本网络,主要围绕社会资本满足农业生产、非农就业和资金筹集等方面的功能展开,分析了换工、打工信息来源、资金往来等几种社会资本网络的现状,以及它们与农户的某些人口特征和经济地位之间的关系。第四章是从农户在过年、节日、生日和婚丧等各种仪式性场合互动的网络着手,展现这些社会资本网络的目前水平,并分析农户为维护它们所遵循的互惠规范以及付出的成本,探讨它们与农户人口特征和经济地位之间的关系。第五章研究家庭家族社会资本网络与情感支持和自愿参与等社会资本网络。第六章是解析社会资本背后的信任规范和几种文化观念,讨论它们与社会资本现状及农户人口特征和经济地位之间的关系。

第七章是本书的结论部分。在下结论之前,首先从整体上对社会资本、人力资本与农户经济收入之间的关系进行了回归分析,确定人力资本与社会资本均会对农户经济地位产生统计显著性影响。然后,在此总结性模型以及第三章至第六章实证分析的基础上,对社会资本与农户经济行为之间的关系进行了归纳和总结,并作出了合理的推测与判断。

第五节　研究的方法及数据来源

一、研究的主题,研究对象与数据来源

本书研究主题的界定。具体包括:①微观层面的农户家庭(打工部分还包括农民个体)其社会资本现状与影响因素。②社会资本对农户经济行为与经济地位的影响。经济行为具体包括农户在换工、非农就业和资金往来等方面表现出来的行为。

本书的研究对象是家庭经营产业中包含有第一产业的农村家庭,因此,那些已经完全脱离农业的农户不在本研究的范围内。

本研究的样本数据主要采自生态补偿课题组[①]的调查。样本的抽样方法是定额抽样与方便抽样相结合,主要的定额抽样指标包括经济收入水平和农业在整个经济中的重要性。由于我国各地的经济发展差距较大,大体上有东中西部的划分,因此,把东部、中部、西部作为定额抽样的主要依据;在此基础上,选择农业生产重要性作为第二个依据,选定了河南省、湖北省、山东省、黑龙江省、河北省、甘肃省、江苏省、四川省和重庆市等省市。接下来,仍然以农业重要性为主要指标,结合调查组的资源可得性,选定调查的县份;然后,在地方政府的协助下,根据经济收入上、中、下三等选定代表乡镇,每个乡镇继续根据经济收入三个等级各选一个代表村;在村这一级,主要按照方便可行的原则,由调查员随机抽选出有从事第一产业并且能够访谈到的农户。样本数的确定原则是每个样本县达到50~100户,并且依据经济收入高、中、低三个等级大致按比例分配的原则进行。由于目前我国农村大多数青壮年人口均已进城务工,留在乡村的主要是老年人和儿童,能够接受调查、与调查员顺利沟通的人已经很有限,加上地理位置高度分散、农民往往在地里忙活,以及调查组的时间和资源有限等各种主客观原因,实际调查的样本数分配及样本选取并未完全严格按照最初的设定,不过误差尽

① 本研究的数据来自"十一五"国家科技支撑计划重点项目"提高区域协调度的多尺度计算机仿真技术研发"(2006BAC18B00)之"生态补偿关键技术开发与示范应用"课题(2006BAC18B04),因此这里的课题组指该生态补偿课题组。

量控制在很小的范围内。

由于本人时间和精力的限制，以及考虑到本人来自西部的四川省，并参与了河南省、湖北省、四川省和重庆市调查的全过程，对这些地方的农村社会资本及经济发展情况有实地调查的切身感受，因此，本研究定位于这四个区域，研究的数据为课题组于2009—2010年间先后在这四个省市调查的333户农民家庭。除此以外，在研究信任与个体打工信息等局部问题的时候，样本还包括作者于2010年在重庆市某建筑工地调查的23位农民工，以及在成都市调查的11位农民身份的白领。限于作者本人时间和资金的限制，后面这34个个体样本是按照方便抽样的方法进行。

333户农户样本的地域分布见表1-1。所有的样本均采自中部和西部的农村地区，没有包括东部。其中，中部的样本（河南省和湖北省）大约占到2/3（64.6%），其余的样本来自西部（四川省和重庆市）。这些样本分布在9个县市，它们是重庆市的大足县，四川省的合江县、新都县和双流县，湖北省的郧西县、郧县和丹江口市，河南省的西峡县和淅川县。在这9个县市中，选定了17个乡镇的29个村。按照地理条件及经济发展水平，考虑到样本所在的乡镇的具体情况，大致可以把本研究涉及的全部样本区域划分为三大类。其中，四川省的双流县和新都县地处成都平原，是样本中经济发展水平最高的地区；湖北省的丹江口市与重庆市的大足县、四川省的合江县基本上属于丘陵地区，经济发展水平在样本中位列第二；其余的几个县地处山区，经济水平较低。每个县或者乡镇的样本采集，也大致按照对总体的分类，即在保证有从事第一产业的前提下，分别调查经济收入高、中、低水平的家庭，并且各种经济水平的样本比例大概相等。

表1-1 样本的地域分布(户,%)

省市	频率	百分比	县份	频率	百分比	乡镇	频率	百分比	村	频率	百分比
重庆市	52	15.6	大足县	52	15.6	高升	52	15.6	建设村	14	4.2
									双排村	19	5.7
									新光村	19	5.7
四川省	66	19.8	合江县	12	3.6	佛荫	11	3.6	4村	12	3.6
			新都县	10	3.0	泰兴	10	3.0	九官村	7	2.1
									张庵村	3	0.9
			双流县	43	12.9	黄龙	1	0.3	加禾村	2	0.6
						永安	7	2.1	凤凰村	2	0.6
									松柏村	5	1.5
						公兴	35	10.5	草坪村	1	0.3
									兰沟村	8	2.4
									青云寺	6	1.8
									邵家村	8	2.4
									双塘村	6	1.8
									朱家庙	6	1.8
湖北省	117	35.2	郧西县	4	1.2	观音	1	0.3	纸坊	1	0.3
						羊尾	3	0.9	板桥	3	0.9
			郧县	61	18.3	青曲	19	5.7	杨家	5	1.5
									郑家	14	4.2
						杨溪	23	6.9	财神	15	4.5
									杨溪	8	2.4
						柳陂	19	5.7	刘家	19	5.7
			丹江口市	52	15.6	凉水	25	7.5	白龙	25	7.5
						土台	27	8.1	土台	27	8.1
河南省	98	29.4	西峡县	18	5.4	军马	18	5.4	西鱼	18	5.4
			淅川县	80	24.0	上集	30	9.0	魏营	16	4.8
									竹园	14	4.2
						马蹬	27	8.1	石桥	27	8.1
						金河	23	6.9	石井	23	6.9
合计	333	100.0	合计	333	100.0	合计	333	100.0	合计	333	100.0

样本家庭的人口规模平均为4.72人，大多数是5口之家。样本总人口为1573人，其中丧偶离婚的有71人，幼儿为223人。平均少儿抚养比是0.22，老人抚养比是0.13，总抚养比为0.35。2008年全国的这三个指标依次为0.26、0.11和0.37，可见样本户的少儿抚养比和总抚养比低于全国平均水平，而老人抚养比高于全国平均水平（见表1－2）。

表1－2 样本家庭的人口特征（户，人）

	家庭人口	丧偶离婚人数	0—14岁	少儿抚养比	老人抚养比	总抚养比
样本数	333	333	333	327	327	327
均值	4.72	0.21	0.67	0.22	0.13	0.35
均值的标准误	0.08	0.02	0.04	0.02	0.01	0.02
中值	5.00	0.00	0.00	0.17	0.00	0.25
众数	5	0	0	0.00	0.00	0.00
极小值	1	0	0	0.00	0.00	0.00
极大值	9	2	4	2.00	1.00	2.00
和	1573	71	223	—	—	—

样本家庭的户主特征。样本家庭的户主以男性为绝对主导，将近98%。大部分户主的年龄在41—55岁，约占46%；其次是56—65岁的户主，占29%。大约95%的户主已婚，而丧偶及离婚的合并仅占5%。约接近一半的户主是初中文化，小学及以下文化的户主占39%。23%的户主是党员或村干部，或者村干部兼党员。42%的户主不从事非农业，而从事非农业半年及以上的户主占38%。从事非农业的户主中，将近60%在本村或本乡务工，在外乡务工的只有40%。全年在家居住的户主占81%，而全年都不在家的户主则只有5人（见表1－3）。

表1－3 样本的户主特征（户，%）

户主特征		频率	百分比	户主特征		频率	百分比
性别	男	325	97.6	政治面貌	村干部（或兼党员）	32	9.7
	女	8	2.4		党员	44	13.3
合计		333	100.0		普通村民	254	77.0

续表

户主特征		频率	百分比	户主特征		频率	百分比
年龄	40 岁及以下	55	16.5	合计		333	100.0
	41—55	154	46.2	非农从业时间（月/年）	0	129	42.3
	56—65	95	28.5		(0,6)	60	19.7
	66 及以上	29	8.7		[6,12]	116	38.0
合计		333	100.0	合计		333	100.0
婚姻	已婚	315	94.9	户主非农从业地点	本村	88	48.9
	未婚	1	0.3		村外乡内	19	10.6
	丧偶	15	4.5		乡外县内	21	11.7
	离婚	1	0.3		县外省内	22	12.2
合计		332	100.0		外省	30	16.7
学历	小学及以下	128	39.1	合计		180	100.0
	初中	153	46.8	在家居住时间（月/年）	0	5	1.5
	高中及以上	46	14.1		(0,6)	39	12.0
合计		332	100.0		[6,11]	17	5.3
					12	264	81.2
					合计	325	100.0

答卷人的特征。其中，55 岁以下的人占 65%，户主占 76%，男性占 78%，已婚的占 94%，初中及以下的占 88%，普通村民占 79%（见表 1－4）。

34 个个体样本的特征。其中，23 位建筑工人以初中文化和男性为主，年龄在 18—45 岁；11 位白领农民工以大专文化为主，男女比例相当，年龄在 28—50 岁；两组的成员多数已婚，年龄均以 38 岁左右居多。

表 1-4 答卷人的特征(户,%)

答卷人特征		频率	百分比
年龄	40 岁及以下	61	18.3
	41—55	156	46.8
	56—65	91	27.3
	66 及以上	25	7.5
合计		333	100.0
婚姻	已婚	312	94.0
	未婚	4	1.2
	丧偶	14	4.2
	离婚	2	0.6
合计		332	100.0
学历	小学及以下	141	43.1
	初中	147	45.0
	高中及以上	39	11.9
合计		327	100.0

户主特征		频率	百分比
性别	男	260	78.1
	女	73	21.9
合计		333	100.0
答卷人身份	户主	253	76.0
	配偶	56	16.8
	子女	8	2.4
	父母	8	2.4
	媳妇女婿	6	1.8
	其他	2	0.6
合计		333	100.0
政治面貌	村干部(或兼党员)	27	8.1
	党员	42	12.7
	普通村民	26	78.9
	其他	1	.3
合计		331	100.0

二、社会资本的测量思路和研究方法

本书主张社会资本的测量应采取投入与产出相联系的方法。社会资本的测量要关注投入费用,但仅仅从投入费用方面,不足以描述社会资本的水平,原因在于,投入在社会资本方面的成本,有的仅仅是出于对惯例与习俗的无意识遵从,而并非属于有意识的投资。此外,资本的特性一定要表现在回报上来。因此,社会资本的测量还需要考虑行动主体对于社会资本的使用,在投入与使用的动态关系中考察社会资本水平的变化趋势。国外的社会资本测量主要关注信任和自愿参与的正式社团这两大类。在中国这个几千年来奉行无为而治的国家,正式的社团是很少见的,因此测量中国的社会资本不能把重心放在社团上。对于信任的测量，虽然国内外已经有不少相关的研究文献，但是众多研究对于信任这个概念本身并未形成一致的意见，目前仍然是仁者见仁、智者见智。其他类型的社会网络，目前多数采取克里特量表打分的方法与网络分析法加以测量。对社会资本水平的最后估算，目前的研究无外乎两种方法：一种是计算各类社会资本的综合指数，另一种是在少量统计表的基础上进行定性描述。本书认为，社会资本的不同类型往往不具有同质性，不能简单相加，打分和计算一个综合指数的方法会模糊掉许多有价值的信息。因此，本书在社会资本的测量和描述上，采取分类定量统计为主，逻辑回归和线性回归法为辅的定量分析方法，分门别类地研究社会资本不同种类的现状和影响因素。

总体上，本书采用实证研究为主、定性研究为辅的方法。在逻辑推理的基础上界定社会资本的定义，从定义出发对社会资本进行分类，以实证研究的结果作为判断并给出结论的依据。具体的实证方法包括定量描述、相关性分析、逻辑回归和线性回归模拟。

第六节　本书的创新与不足

本书的创新之处有五点。第一，社会资本定义的创新。本书把社会资本界定为经济主体之间进行互动和交换资源的平台，而信任、互惠和协作只是社会资本形成与运作的规则和目的，不是社会资本本身。第二，社会资本形成动力的剖析。本书认为形成社会资本的一个重要原因是人们始终有大量的物质资源、劳动力、时间、精力和爱心等各种要素处于闲置状态，存在与人互动和交换的需要，而市场与企业这两种资源组织方式和单纯的价值评估与交换媒介都无法实现这些资源的有效利用。这就为社会资本的产生创造了需求。第三，社会资本的分类。从功能分析的角度，按照情感性和工具性两个标准的组合把社会资本分为资源交换网络、专业性网络、象征性网络、情感性与自愿参与网络和家族宗族网络。其中有借鉴前人的地方，如象征性网络、家族宗族网络；也有自己的独创，如资源交换网络、专业性网络。第四，社会资本与信任、互惠和合作之间关系的判断。自从普特南开始，许多学者都认为社会资本就是信任、互惠与合作。本书认为，信任是社会资本运作的规则，互惠是生产和再生产社会资本的基本原则，而合作则是投资和运用社会资本的目的与结果。第五，信任与利益及社会资本类型之间关系的判断。本书认为，总体上，信任的深浅程度与利益的大小相对应，并与相应的社会资本类型相匹配。一般化信任以中度和浅度信任为基础，而特殊信任以深度信任为基础。

本书的不足及需要继续探索和研究的四个方面。首先，只有一个时点的调查数据。研究主要着眼于某个时间片段上农户在各种经济行为和生活中表现出来的社会资本，未对这些社会资本的动态演变进行追踪调查。第二，空间上没有包括东部农村的数据。第三，本书比较完整地分析了农户社会资本的各个组成部分，但未对某个特定职业的农民，或者农民的某个特定群体进行专门的深入研究。而这种深入的专门研究在农业生产分工深化和农民群体日益分化的背景下有着重要意义。第四，对社会资本与信任以及信任与利益的关系仍需继续探索。由于信任与社会资本密不可分，而一直以来多数学者均认为信任就是社会资本或者是社会资本的主要部分，本书对这两组关系有一定程度的独特思考和辨析，但仍然感觉不够明朗。因此，本书虽然对社会资本与农户经济行为之间关系的研究进行了有益的尝试，但倘若要获得目前中国农村社会资本的整幅画面并把握其未来比较清晰的走势，仍然需要进行更广范围和更深层次的调查研究。

第二章
社会资本理论

第一节　社会资本的分类与特征

一、社会资本的类型

贝茨认为，社会资本的形式是与生产方式相适应的。他以非洲两个村庄抚养后代的不同方式为例，其中一个村庄以农耕为业，家族竭尽全力让孩子接受更多的教育，使其能在城市里就业，从而得到抚养孩子的回报。而另一个村庄以牧牛为业，"牛是他们的银行"，家族很少让后代接受教育。因此，贝茨指出，资本的形成和回报方式与不同的风险结构一起塑造了独特的社会结构，从而形成不同的社会资本①。

总体上，根据已有的研究文献，社会资本的分类主要有四种方法。其一，按照社会资本的内涵，把它分为两类：结构型社会资本（规则、惯例、程序和网络），认知型社会资本（规范、信任和价值观）②。前者相对客观

---

① Robert H. Bates. Capital, Kinship, and Conflict, the Structuring Influence of Capital in Kinship Societies[J]. Canadian Journal of African Studies, 1990, 24(2): 151 - 164.

② C. 格鲁特尔特，T. 范・贝斯特纳尔. 社会资本在发展中的作用[M]. 黄载曦，杜卓君，黄治康，译. 成都：西南财经大学出版社，2004：4.

且易于观察,后者更加主观而难以测量。其二,按照社会资本涉及的范围,可以分为三类:微观层次的社会资本(个体和家庭),中观层次的社会资本(组织和群体),宏观层次的社会资本(国家制度、法律框架和社会凝聚力等)①。需要指出的是,在现实世界里,并没有分明的层次,宏观、中观和微观往往相互交织在一起。其三,分为制度资本和关系资本②。其四,根据抽象分析提炼出的"理想-典型"的社会资本和现实世界中的社会资本,前者称为新的社会资本,后者则是旧的社会资本。前者来自"理想典型中显现的分析特征",后者典型地存在于发展中国家,它能够为当地发展提供社会资本,但是不利于国家层次的可持续发展③。

二、社会资本的特征

科尔曼阐述的社会资本特征得到了大多数学者的认同。他认为,与物质资本和人力资本等资本形式相比,社会资本具有不可让渡性(与拥有者共存,并且有使用范围)、互惠性、可再生性(可以通过使用和投入而增加)和公共物品性。其中,公关物品的特性导致社会资本往往投资不足,而且很容易被破坏。

第二节 社会资本的积极作用与消极影响

一、社会资本的积极作用

社会资本具有多方面的功能。其一,信息共享。由于市场失灵,经济

① C. 格鲁特尔特,T. 范·贝斯特纳尔. 社会资本在发展中的作用[M]. 黄载曦,杜卓君,黄治康,译. 成都:西南财经大学出版社,2004:458-460.

② 安妮鲁德·克里希娜. 创造与利用社会资本[A]. 帕萨·达斯古普特,伊斯梅尔·萨拉戈尔丁. 社会资本,一个多角度的观点[C]. 张慧东,姚莉,等,译. 北京:中国人民大学出版社,2005:97-100.

③ 乔纳森·H. 特纳. 社会资本的形成[A]. 帕萨·达斯古普特,伊斯梅尔·萨拉戈尔丁. 社会资本,一个多角度的观点[C]. 张慧东,姚莉,等,译. 北京:中国人民大学出版社,2005:122-182.

主体并不是总能够从市场中及时获得所需要的信息。格兰诺维特发现,弱关系有利于从异质性网络成员那里获得高质量的求职信息,这就是他提出的"弱关系的力量"。其二,协调行动。人类的机会主义往往导致不合作均衡,此时,较高的信任和社会资本水平有利于促成集体行动。其三,信用抵押。在经济交易中,社会关系可以起到抵押品的作用,能够减少搜寻信息、制定合同条文和监督交易各方的成本。

由于上述三方面的功能,许多学者发现,社会资本对民主参与、劳动力就业、提高企业利润、缓解贫困和经济增长等各方面都产生了显著的影响。最著名的首推普特南发现社会资本在意大利公民社会形成中的重要作用。科尔曼发现社会资本对人力资本形成有明显的促进作用[①]。格鲁特尔特和贝斯特纳尔通过对世界银行十个社会资本研究项目的实证分析,证实了社会资本在发展经济和缓解贫困方面具有显著作用[②]。

二、社会资本的消极影响

社会资本是一把双刃剑。它可能助长宗派主义、孤立主义和腐败。在带给本组织成员期望结果的时候,可能是以其他组织的损失为代价,也可能是次优的结果,或者今天的收益需要明天付出巨大的成本[③]。

在社会资本对经济发展的作用方面,达斯古普特认为,"如果社会网络进行市场化产品的生产和交换",那么,"网络将会与市场进行破坏性的竞争"。社会资本究竟是经济发展的有益因素还是阻碍因素,关键在于"网络的用途。同时也取决于技术的状况。当网络用于在成员间、成员与非成员间传递信息

---

① James S. Coleman. Social Capital in the Creation of Human Capital[J]. The American Journal of Sociology, Supplement: Organizations and Institutions: Sociological and Economic Approaches to the Analysis of Social Structure ,1988,94: 95 – 120.

② C. 格鲁特尔特,T. 范·贝斯特纳尔. 社会资本在发展中的作用[M]. 黄载曦,杜卓君,黄治康,译. 成都:西南财经大学出版社,2004.

③ Michael Woolcock and Deepa Narayan. Social Capital: Implications for Development Theory, Research, and Policy[J]. The World Bank Research Observer, 2000,15(2):225 – 249.

时，网络非常有助于市场的良好运行。在这种情况下，网络和市场互为补充"[①]。总之，适合于市场运作的资源应该交给市场，而社会网络在市场失效的地方予以补充，这才是理想的状态，否则就会产生无效率的结果。

社会资本分布的非均衡性分布导致了多方面的消极后果。安东尼·吉登斯指出："那些占据中心的人'已经确立了'自身对资源的控制权，使他们得以维持自身与那些处于边缘区域的人的分化。已经确立自身地位的人或者说局内人可以采取各种不同形式的社会封闭，借以维持他们与其他人之间的距离，其他人实际上是被看作低下的人或者说局外人。"[②]周建国是国内较早关注社会资本非均衡的学者。他指出，社会资本的非均衡性将导致四个方面的负效应：一是容易形成社会封闭，妨碍社会流动；二是影响团体成员的创新与发展；三是扼杀人的自主精神，使整个社会表现出对社会资本拥有者的盲目屈从和崇拜；最后是不利于弱势群体的生存，妨碍社会公平原则的实现[③]。

第三节 社会资本的产生、增长和消减

一、社会资本的产生

目前的文献在研究社会资本起源的时候，均以信任作为社会资本的同义词，从而，研究社会资本的起源，就是研究信任的起源。扭顿把社会资本的产生归纳为三种来源：其一，"深度"信任与迪尔凯姆模型，这种信任就是由"同一宗族、等级、种群或具有本地共同体渊源的人们在日常广泛接触中产生"的机械团结，是一种人格化的信任，或者说是韦伯所指称

① 帕萨·达斯古普特．经济发展与社会资本观[A]．帕萨·达斯古普特，伊斯梅尔·萨拉戈尔丁．社会资本，一个多角度的观点[C]．张慧东，姚莉，等，译．北京：中国人民大学出版社，2005：484.

② 安东尼·登斯．社会的构成[M]．李康，等，译．北京：三联书店，1998：220－222.

③ 周建国．社会资本分布的非均衡性及其负面效应分析[J]．唯实．2002(3)：39－44.

的特殊信任。维系深度信任的机制是“由紧密的和内聚性的社会互动网络以及在小型封闭社会(即科尔曼所说的网络封闭)中最为有效”的各种社会制裁。按照科尔曼的说法,每一个人都处在网络联系中,以至于没有人能够逃出其他人的注意。其二,“浅度”信任与市民道德的托克维尔模型,这种信任通过自愿性社团内部成员之间的互动而产生。这是占主导地位的社会资本解释模型,是普特南在分析意大利公民社会的起源时所认定的推动公民之间合作和培养信任的机制。“托克维尔模型的核心是这样一种思想:正式组织的成员身份创造出了节制、合作、信任和互惠的公民道德。”其三,现代社会中的抽象信任,这种信任存在于“熟人”之间。这里的熟人不是中国人常识意义上的熟人,而是指现代化社会中只有点头之交的人(acquaintances)。由于现代社会充满了复杂性、不确定性和风险性,使得依赖人格化的深度信任或次级的浅度信任日益困难,从而使抽象信任具有越来越重要的意义。那么,抽象信任来自何处呢?扭顿认为可能有两种主要渠道:一是教育。教育灌输给孩子们关于信任、公正、平等和普遍主义等抽象原则,并教授学生与他人合作的能力。二是公共媒体的价值观导向①。除此之外,还有宗教和正式制度,它们与教育和公共媒体共同主导个体的社会化过程,或者说,宗教和正式制度通过教育和公共媒体来灌输形成社会资本的意识形态。科尔曼所说的意识形态形成社会资本,就是属于这条道路。此外,社会资本的形成还有一种是路径依赖。普特南等人认为,一个社会究竟是会发展为互惠/信任抑或依附/剥削的社会均衡,取决于其演化的历史,是一种“路径依赖”。由于路径依赖,那些明显的社会次优的规范也能够存在很长时间。

达斯古普特从微观个体的角度,认为信任产生于人与人之间相互的感情或外部的强制②,从个体动机和对利害关系的权衡上透视了信任产

① 肯尼思·扭顿. 社会资本与现代欧洲民主[A]. 李惠斌、杨雪冬. 社会资本与社会发展[C]. 冯仕政,译. 北京:社会科学文献出版社,2000:380-409.

② Partha Dasgupta. A Matter of Trust: Social Capital and Economic Development)[M]. Prepared for presentation at the Annual Bank Conference on Development Economics (ABCDE), Seoul, and June 2009.

生的本质。

二、社会资本的维持和增减

科尔曼认为,社会结构的稳定是社会资本存在和维持的条件;如果人们之间相互需要和依赖的程度很低,则不利于社会资本的形成、维持和更新。

格莱泽等人分析了影响个体社会资本水平的具体因素:①社会资本随着年龄的增加先上升后下降,呈现倒U形曲线的关系;②社会资本随着预期的流动性增加而下降;③若社会技能占据更好报酬的职业,则社会资本上升,从事社会化程度越高的职业,对社会资本投资的意愿越强;④拥有房产者社会资本比没有房产者高;⑤ 随着物理距离的增加,社会资本迅速下降;⑥投资人力资本的同时也是在投资社会资本。此外,教育和社区的同质性都强烈地刺激着社会资本的投资①。

第四节 社会资本与正式制度

斯蒂格利茨认为,市场和非市场制度之间关系的变化,从经济活动植根于社会关系之中,转向社会关系植根于经济体系之中。在市场经济发展的早期,市场还脆弱且不完善,人际关系的稠密网络就会发挥作用解决配置和分配问题。市场的发展和深化使有些人际关系网络变得不必要并被摧毁了,个人关系以及伴随它的社会资本的价值降低了,代之以法律基础上的契约。在发达的市场经济中,似乎社会资本在重建和深化,但它并没有采用代替或补充市场和政府的“规则和调控”的形式,而是采取了隐

① Edward L. Glaeser, David Laibson, Bruce Sacerdote. An Economic Approach to Social Capital [J]. The Economic Journal. 2002,112(483): F437 - F458.

含知识的形式[①]。按照伯特对结构洞的解释，在个人如何积累、保守或消费社会资本方面，制度发挥着核心的作用。构筑于正规制度内的准则，或者被制度化了的非正式规则，就个体如何管理他们的社会资本，能够创生出一种独特的个体行为。

正式制度对社会资本形成的重要性，在罗斯(Richard Rose)对于苏联社会资本网络的分析中得到了充分的体现。“今天的前苏联仍然为连接非正规草根网络和现代组织的‘缺失媒介’的各种组织而受苦，而且这个缺口有时由先前的Nomenklatura官员或者黑手党组织所控制的反现代企业所填补”。他指出，“在一个充满组织失灵的‘反现代’社会(指一个正规组织众多且很重要的，但经常不能非人格地、可预测的并根据法律来发挥作用的社会)中……各种法规不是回应价格和法律信号，而是被政治、贿赂和个性化关系所扭曲或破坏……结果会导致不确定性”，“运用社会网络来使自己与侵犯性的组织隔开，只有在被迫时，才会利用正规组织”[②]。可见，正式制度对于形成健康、有效的社会资本起着至关重要的引导作用。一旦正式制度不透明，法律法规成为寻租的借口而不是正确的行为导向，就会促使人们努力寻找各种替代的社会网络，以降低不确定性带来的风险。

第五节　社会资本的测量思路、指标和方法

社会资本由于其复杂性、争议性和非物质性，给测量带来极大的难度。但是，“越来越多的人试图对社会资本进行测量以及对社会资本对

① 约瑟夫·斯蒂格利茨. 正式和非正式的制度[J]. 武锡申，译. 经济社会体制比较，2003(1):73-78.

② 理查德·罗斯. 在一个反现代社会中解决问题：前苏联的社会资本网络[A]. 帕萨·达斯古普特，伊斯梅尔·萨拉戈尔丁. 社会资本，一个多角度的观点[C]. 张慧东，姚莉，等，译. 北京：中国人民大学出版社，2005:183-216.

发展和各个层面的福利所起的作用进行测量，但由于对社会资本的定义没能取得一致意见，阻碍了这方面的进展”①。

一、通过测量社会网络来代表社会资本水平

布迪厄认为个体社会资本的多少取决于两个因素：一是行动者可以有效加以运用的联系网络的规模；二是网络中每个成员所占有的各种形式的资本的数量。科尔曼认为个人社会资本的拥有量与个人参加的社会团体数量、个人的社会网络规模和异质性程度以及个人从社会网络摄取资源的能力成正比。按照林南的观点，有三个因素决定个体所拥有社会资源的数量和质量：一是个体社会网络的异质性；二是网络成员的社会地位；三是个体与网络成员的关系强度。社会学中用定名法和定位法测量社会网络。定名法是通过调查个体在某种角色关系（如邻里、工作）、内容领域（如工作事务、家庭杂务）或亲密关系（如信任的、亲密的互动）中的交往者，从而反映个体网络资源的异质性与范围（教育、职业）以及特征（性别、种族、年龄），询问的交往范围一般是五个人。定位法是林南和他的同事首先提出来的。这种方法使用社会中特征显著的结构位置（职业、权威、工作单位、阶级或部门）作为指标，调查个体在每一位置上的交往者以及与这些交往者的关系②。

张其仔从格兰诺维特的嵌入性理论出发，利用修正的范德普尔问卷，对晋江市西滨镇跃进村进行弱网和强网假说的检验，以嵌入系数反映社会结构对经济生活的支持程度和村庄利用社会资源的能力，采用事件介入法测量跃进村的关系强度，即进入的事件越多，其关系的强度就越强③。他的调查问卷考虑到了中国农村的实际情形，测量方法也比较具有操作性，不过他列入考虑的经济问题不能完整地反映乡村的经济生活。

---

① C. 格鲁特尔特，T. 范·贝斯特纳尔．社会资本在发展中的作用[M]．黄载曦，杜卓君，黄治康，译．成都：西南财经大学出版社，2004：459.

② 林南．社会资本——关于社会结构与行动的与理论[M]．张磊，译．上海：上海人民出版社，2005：86－90.

③ 张其仔．社会网络与基层社会生活—晋江市西滨镇跃进村案例研究[J]．社会学研究，1999(3)：25－34.

此外,进入的各种事件的重要性也没有区别开来。

二、用认知中的"信任"代替社会资本

世界价值观调查(World Value Surveys)通过对40多个国家的不同人询问其对人的信任程度,以度量国家社会资本。格莱泽等人反对用信任来测量社会资本。他们认为,不同的人、不同的调查所使用的信任不是同一个标准,个体信任与个体社会资本也不是同样的概念,容易信任别人的人不见得能从社会关系中获得更多。他们指出,与个体信任和个体社会资本的关系相比,整体信任与整体社会资本之间更有联系一些。个体的信任只能惠及被信任者,而不是信任者[①]。比如,"杀熟"就是一个典型的例子。

三、兼顾结构与认知两类社会资本

世界银行开发并完善了两套测量社会资本的工具箱:社会资本测量工具(Social Capital Tool, SOCAT)和社会资本综合问卷(Social Capital Integrated Questionnaire, SC-IQ)。SOCAT是为在家庭、社区和组织层面上搜集社会资本数据而设计的。它是一套定性和定量综合集成的工具,包含结构型和认知型两类社会资本,紧密联系家庭的贫困和福利。具体包括五个部分:访谈指南、社区问卷、家户问卷、组织概况访谈指南和组织概况打分表。SC-IQ包括六个方面:组织和网络、信任与团结、集体行动和合作、信任与交流、社会凝聚与融合、赋权和政治行动[②]。

四、从投入费用的角度来测量社会资本

刘林平根据布迪厄、科尔曼和林南的社会资本定义,指出要从"效用性"和"生产性"来理解社会资本,进而来测量社会资本。其中关键的问

---

① Edward L. Glaeser, David Laibson, Bruce Sacerdote. An Economic Approach To Social Capital [J]. The Economic Journal, 2002,112,(483):F437-F458.

② Worldbank. Measurement Tools[EB/OL]. http://web. worldbank. org/WBSITE/EXTERNAL/TOPICS/EXTSOCIALDEVELOPMENT/EXTTSOCIALCAPITAL/0, contentMDK: 20193049 ~ menuPK: 994384 ~ pagePK:148956 ~ piPK:216618 ~ theSitePK:401015,00. html,2011-02-01.

题是要区分社会资源和社会资本。资源是潜在的资本，资本是动用了的、用来投资的资源。社会网络是社会资源而不直接等同于社会资本；社会资本是动用了的、用来从事生产性经济活动的社会网络或社会资源。他认为，可以用花费在社会关系上的费用来衡量企业社会资本的投入①。这种方法有几个益处：一是把社会资本的计量与对物质资本和人力资本的计量统一起来，可以互相比较；二是逐一理清企业广泛的社会联系很困难，测量费用的方法可避免这一难题；三是可以非常明确地推算企业社会资本的投入产出，建立相应的会计制度。基于此，他对企业的社会资本用两个指标进行了测量：一是干股；二是公关费用②。张文宏和栾博则认为刘林平的这种测量停留在"理想类型"的阶段，因为无论是干股、提成，还是红包和直接的招待费，都是企业经营过程中相当私密和敏感的问题，很难得到真实的回答③。

估算出社会资本的总水平后，主要采取以下两种方法分析社会资本对经济、社会等方面发展的影响。①回归分析法。王奋宇和赵延东以农民工的月收入为因变量，考察了进城时是否有网络关系、是否使用过社会资本以及使用何种关系对月收入的影响如何④。②经济模型法。比如达斯古普特提出的生产函数法，衡量社会资本的思路是社会资本可以体现在全部要素产出中，并且又分别出现两种可能性和对应的两种模型：一种是 $Y = AF[BM(K,H),L]$，其中，Y、L、K、H、A 分别代表总产出、劳动时间、物质资本、人力资本和技术，B 代表社会网络的外在化；另一种是 $Y = AF[K,CN(L,H)]$，C 代表规模，L 代表劳动时间，H 代表人力资本，社会资本体现在全部要素产出 A 中⑤。不过这些模型都没有数据支持，还仅仅是一种设想。

---

① 刘林平．企业的社会资本：概念反思和测量途径——兼评边燕杰、丘海雄的《企业的社会资本及其功效》[J]．社会学研究，2006(2)：204－216.

② 同上.

③ 张文宏，栾博．社会结构取向下的社会资本研究[J]．社会，2007，27(2)：52－71.

④ 王奋宇，赵延东．流动民工的经济地位获得及决定因素[A]．李培林．农民工——中国进城农民工的经济社会分析[C]．北京：社会科学文献出版社，2003：134－148.

⑤ 帕萨·达斯古普特．经济发展与社会资本观[A]．帕萨·达斯古普特，伊斯梅尔·萨拉戈尔丁．社会资本，一个多角度的观点[C]．张慧东，姚莉，等，译．北京：中国人民大学出版社，2005：411－545.

CHAPTER 3

第三章

资源交换型社会资本与农户经济行为

换工、互助、资金往来的社会网络，以及各种信息传播的网络，是农村家庭相互交换劳动力资源、物质资源和信息资源的重要社会资本，他们属于资源交换型社会资本。农户对农业生产、非农就业等方面的实际需求是此类资源交换型社会资本产生的基础，维系和培育它们的养分则是成员的参与、合作和互惠规范。资源交换型社会资本不仅满足农民的生产和生活的实际需要，而且体现着农民在社区的社会地位，是农民的重要社会资本。农村向来是一个熟人社会，人际关系在资源的调剂互补中一直具有不可忽视的影响力。如若某个农户在村邻眼中是自私、人品差、靠不住的形象，那么他的家庭无论大行小事都将没有邻居愿意出手相助，从而陷于被乡邻孤立的地位。近些年来，随着市场经济的深化、劳动力供求状况的转变和人口流动的加速，各种新生事物和新观念正在以前所未有的加速度衍生和传播着。这些现代化的要素以何种方式和逻辑改变资源交换的社会网络，是研究农户社会资本和经济行为的重要方面。

第一节　换工网络与农户换工行为

一、文献综述

由于农业生产具有极强的季节性，“农忙如救火”，错过了时节就没有收成，以及单个农户资金短缺、劳力单薄、工具不足等诸多缺陷，广大农民在长期的农业生产实践中摸索出换工的方式，实现了在劳力、耕畜和其他生产工具之间的相互调剂，提高了劳动力和生产工具的利用率，从而促进了农业生产力的提高。换工在传统农业中有着悠久的历史，但是研究换工的文献却屈指可数。在知网中输入“换工”的主题词，只检索到38篇文献，其中只有3篇与农业换工有关，并且仅一篇是专门考察农业换工劳动的，这就是刘克祥教授的《甲午战争后的农村换工劳动及其向雇佣劳动的转变》，另外2篇只是对换工有所提及。刘教授指出，直接换工劳动是最早出现的农户劳动互助和交换的形式。他认为，战国以前的“耦耕”可能就是换工劳动的典型形式，也是换工存在的基本原因①，因为生产工具要求多人简单协作，这种协作超越了单个家庭的劳动供给能力。刘克祥按照劳动补偿和报酬支付的情况，把农户之间的换工分为两种：一种是以雇佣劳动为外形的换工劳动，即按时计劳付酬，一如普通雇工，但雇主和雇工不断易位，即所谓“互佣”；另一种是直接换工劳动，即以工还工，不计工资报酬，仅以饭食相待，有的连饭食也不管②。本书的换工特指后一种，即不付报酬、以工换工的直接活劳动交换。这种换工在全国各地有不同的表现形式，有的地方要管饭，有的地方不管饭，表面上是不计算付出和报酬的，但实际上也要受“对等交换”、“礼尚往来”的约束。一般而言，换工双方在工种、体力和时间上应该一致，否则自觉吃亏的一方会另外寻找换工的对象，换工行为难以为继。有人认为现在的换工是理性地选择与自家耕地相当、生产工具相似的家庭，并据此认定农村人际关系开始出现工具性和“资本化”的倾向。从刘克祥对近代换工历史的研

---

① 刘克祥．甲午战争后的农村换工劳动及其向雇佣劳动的转变[J]．中国农史(南京)，1992：42－49.

② 同上.

究来看，换工领域早就是以工具理性作为主要特点。

总体上，换工的大量存在是经济落后的一种表现，是农村社会分工和劳动力市场发育程度较低的反映。刘克祥指出，直接换工劳动在地理区域和劳动力调配方面都受到很大限制。在地域上，一般只限于村内近邻和地邻；在劳力调配上，换工搭档最后是家庭劳力和经营规模大致相当，容易形成对等劳动交换的各个家庭。由于这种限制，随着商品经济的发展，传统的直接换工劳动逐渐被雇佣劳动所取代。他研究发现，甲午战争后，有些地区的换工劳动已经消失，有些地区则代之以各种复杂的形式，这些形式是直接换工与雇佣劳动的不同比例和形式的组合。比如，以直接换工为主，差额部分计算工资。如当时的广西北流县，换工只限于无力雇工的贫苦农民。又比如，对外来流动劳动力实行雇工，在本地农户之间仍实行直接换工，但是换工只限于自给性的粮食生产，对商业性农业生产，如"取桂、采桑、锄山等事，即土人（即本地人——作者注）亦有工金也"[①]。刘克祥总结了换工劳动向雇佣劳动演变的四个阶段：第一阶段，以直接换工劳动为主，但换工中相互抵消之外的剩余部分，支付现金报酬，雇佣劳动开始成为换工劳动的补充；第二阶段，雇佣劳动取代商业农业中的换工劳动，外来流动短工的雇佣劳动取代自给性农业中的部分换工劳动，雇佣劳动开始同换工劳动分庭抗礼，甚至占优势；第三阶段，换工劳动在形式上全部为雇佣劳动所取代，劳动的交换和调剂是以货币为媒介来实现的，但是其范围尚未超出原来的换工圈子；第四阶段，农户劳动的雇佣范围不再局限于原来换工的小圈子，需要换工的农户通过自由雇工和佣工实现劳动调剂和平衡，在形式上同一般雇佣劳动已无差别。由于地区之间发展极不平衡，农业劳动可能以换工和佣工的某种形式或组合形式出现，不能一概而论。一个地区的雇佣劳动取代换工劳动，并非必须经历上述四个阶段。根据刘克祥的描述，可以看出，影响农户换工的因素主要包括：①经济的

① 刘克祥．甲午战争后的农村换工劳动及其向雇佣劳动的转变[J]．中国农史（南京），1992：42－49.

发展水平及相应的货币化程度。经济越发达，经济活动的货币化程度越高，农业劳动越是通过市场来交换，则换工很大程度上被雇佣劳动所取代。②农村劳动力在本地务农以外的其他就业机会。其他就业机会越多，换工越少，佣工越多。如当时运输业兴旺的北平郊区宛平县麻峪村，贫苦农民自己给人赶车种地，而家里的地则雇短工耕种；或者在城里做苦力，家里雇长工赶车。③农户之间土地规模的差异。土地规模与生产工具、生产组织方式之间是相互匹配的，大农场和小块耕地的耕种方式和对劳动力、生产工具的要求区别很大，彼此之间难以形成对等的换工。在刘克祥列举的换工案例中，大多为土地极少的贫苦农民或者一般农民，没有提及土地规模大的地主。④农产品的商品化程度。商品化的农产品，其各种投入更多按照商业经营的方式来运作，只有传统的自给性粮食生产才存在不计货币报酬以劳动换劳动的方式[①]。

近些年来，随着农民普遍外出务工，农村劳动力由大量过剩逐渐转为"民工荒"到处漫延，农村市场的劳动力也日渐稀缺，从而影响到了换工行为的延续。这种影响在全国各地的表现各有不同。在明确现阶段我国农村劳动以妇女和老人为主的大背景下，梳理一下可能会影响换工行为的两个主要因素。第一，农业生产的专业化和机械化。它们一方面降低了对体力的要求，另一方面提高了对技术的要求，并且劳动生产率的较大提高使得手工劳动失去优势。这三者都会导致农业生产对换工缺乏需求。在东北粮食主产区，由于土地规模大、地势平整，因而农业生产机械化和专业化程度较高，农民之间相互换工的现象迅速减少。在中部的农业大省河南，土地规模和农业机械化程度比南方高，但远远小于东北。2009 年年底，河南省人均经营耕地 1.65 亩，而黑龙江省是 11.16 亩[②]。因此，河南省的换工现象较好的保留下来。第二，农村各种要素的相对价格和农产品商品化程度。包括农业生产的成本

① 刘克祥．甲午战争后的农村换工劳动及其向雇佣劳动的转变[J]．中国农史(南京)，1992:42－49.

② 国家统计局．各地区农村居民家庭土地经营情况[M/CD]．中国统计年鉴 2009．http://www.stats.gov.cn/tjsj/ndsj/2009/indexch.htm

和收益，非农就业难易程度和工资率高低，城市生活水平高低等因素。总体而言，北方的农业收益和农产品商品化程度较高，因而农民愿意采用机械和大量投入各种生产资料，采取商业化的生产方式，从而换工情况极为少见。但是，商业化生产方式的成本尤其是现金成本比较高。当农民务工相对困难，或者农产品价格高涨以致务工收入严重缩水，或者柴油、农药、化肥、机械维修等生产资料的价格涨到难以承受的情况下，农民可能重新以手工劳动替代机械耕作、以手动除草替代除草剂、以精耕细作替代化肥的大量简便使用，从而增加换工的可能。南方的土地规模极小，且多贫瘠和耕作不便，长期停留在糊口农业和手工耕作的地位，非农就业机会增加后，更是凸显出农业地位的衰落，大多数地区只留下正规劳动力市场上不被认可的老弱妇孺在家务农，老弱妇孺之间一般不会换工。在一些相对比较偏远的区域，仍有部分中年男性留守农业，换工在一定程度上得以保留。

二、理论假设与研究对象

农忙时相互换工是农民在传统农业生产方式下的一种理性选择，是否选择换工，实质上取决于各种农业生产要素的相对稀缺性以及由此导致的要素价格的相对高低。在农村劳动力丰富、劳动生产率低、农业相对重要的情况下，强壮劳动力之间相互换工是一种节约现金成本、为劳动力寻找更多就业机会的理性选择。但是当这些因素同时变化，或者有的因素变化，彼此的相对关系就会随之改变，从而影响对换工的需求。除了要素稀缺性这个根本原因之外，由于换工还是传统农村社会关系的一个重要组成部分，这种生产方式转变成观念的形式深入传统文化当中，与其他文化要素交织纠缠，从而它的变化会滞后于生产方式的变化。因此，本书假设，影响换工的决定因素是农业收入占农户总收入的比重（用一产收入比代替）、农产品商品化程度（用口粮来源代替）、农业生产机械化程度（用生产工具价值代替）、耕地面积、家庭务农劳动力的年龄和人数。此外，婚姻状况、政治面貌、受教育程度、成员的经历等变量，由于会影响个体对事物的态度和机会，因而也会对换工产生一定的作用。

本节的研究对象是前述河南、湖北、四川和重庆区域内333户农民家庭的直接活劳动换工活动。样本采取定额抽样加方便抽样的方式选中，调查从2009—2010年分四次进行，采用结构式问卷，通过调查员入户询问的方式完成。调查内容包括是否换工、换工的场合、换工的对象及其选择原因、不换工的原因等。

三、换工的统计结果

(一)分地域的换工情况

中国普通农户的农业生产仍然是以家庭为单位经营的，因此换工的调查分析以户为单位。333个样本家庭中，换工与不换工的比例分别为69.5%和30.5%。从统计结果看，河南省与湖北省的换工比例相当，均略超过80%；而四川省及重庆市的换工比例较低，其中四川省不足一半的农户换工，重庆市则不到60%的农户换工(见表3-1)。

表3-1　分地域的农忙换工(户,%)

地域/项目		河南省		湖北省		四川省			重庆市	小计
		西峡县	淅川县	丹江口市	郧县	双流县	新都县	合江县	大足县	
不换工	频率	3	15	7	16	18	7	12	22	100
	百分比	18.8	19.0	13.5	24.6	40.9	77.8	100.0	43.1	30.5
换工	频率	13	64	45	49	26	2	0	29	228
	百分比	81.3	81.0	86.5	75.4	59.1	22.2	0.0	56.9	69.5
小计	频率	16	79	52	65	44	9	51	51	328
	百分比	100.0	100.0	100.0	100.0	100.0	100.0	100.0	100.0	100.0
不换工		(18)18.9		(23)19.7		(37)56.9			(22)43.1	
换工		(77)81.1		(94)80.3		(28)43.1			(29)56.9	
合计		(95)100.0		(117)100.0		(65)100.0			(51)100.0	

注：* 郧县的数据中包含了郧西县的4个农户。由于郧西县只有4个样本，且郧西在地理位置上紧邻郧县，因此，把郧西县的4户并入郧县。括号内为样本数。

调查询问了农户其不换工的缘由。其中，52.9%的回答是“自家忙得过来”或者“年龄大了，没法换工，自己能干多少算多少”，20.6%的家庭回答"大家都很忙",而17.6%的家庭认为"现在干什么都得付钱(意思是没有不付钱的换工了)",还有不到10%的家庭则是由于"家里已经不种田了"。

(二)换工的场合

关于换工的场合,调查问卷设计了"插秧播种,收割,抗旱,排涝,建房,其他"这6个选项。换工的225户家庭中,选择"插秧播种"和"收获"这两项的合计占到88.5%,而选择"建房"和"抗旱"的分别占6.3%和3.0%(见表3-2)。这和刘克祥描述的甲午战争后的农村换工场景并没有多大区别。而换工本身也正是由于农村劳动的季节性和协作性的特点才得以产生和存在。

表3-2 换工的场合及网络(N=226)

	换工的场合						换工的网络			
	插秧播种	收获	抗旱	建房	其他	合计	邻居	亲戚	获致性关系	合计
提及的次数	122	200	11	23	8	364	188	148	22	358
百分比	33.5	55.0	3.0	6.3	2.2	100.0	52.5	41.3	6.2	100.0

(三)换工的网络

四川和重庆的调查,是按照"亲戚、邻居、获致性关系"三大类来询问其换工网络,河南和湖北则是详细询问换工的具体对象。把全部样本的换工网络均按照"亲戚、邻居、获致性关系"这三类来加以统计,则邻居排名第一,占52.5%,亲戚占41.3%,获致性的朋友关系只占6.2%(见表3-2)。

河南和湖北的170户实行换工的家庭中,换工的对象首选邻居,占三次选择累积频率的48.7%;其次选择男方的兄弟姐妹,占21.5%;第三位选择女方的兄弟姐妹,占11.1%。此外,选择男方父母、其他亲戚、岳父母、朋友、子女、同学、工友和徒弟的合计为18.7%。这当中,获致性的朋友、同学、工友和徒弟合计只占5.3%(见表3-3)。表3-2与表3-3的统计结果均说明,换工的地域临近性特点非常鲜明,再一次证实了刘克祥、风笑天等学者的研究结论。即使在换工时选择与亲戚换工的,也仅限于相去不远的那部分亲戚,男方的兄弟姐妹所占比例超过其他各种亲戚,原因就在于其地理位置相邻。邻居以外的其他选项,绝大部分在地理位置上属于邻居,只是按照血缘和其他关系划入了其他网络种类。总之,在换工中极少有舍近求远的情况发生。

表 3-3 换工的对象(N=170)

换工的对象	累积频率	百分比	累积百分比
邻居	145	48.7	48.7
男方兄弟姐妹	64	21.5	70.2
女方兄弟姐妹	33	11.1	81.3
男方父母	13	4.4	85.7
其他亲戚	13	4.4	90.1
岳父母	10	3.3	93.4
朋友	10	3.3	96.7
子女	4	1.3	98.0
同学	3	1.0	99.0
工友	2	0.7	99.7
徒弟	1	0.3	100.0
合计	298	100.0	

(四)选择换工对象的考虑

调查中对农民选择换工对象时考虑的主导因素进行了开放式的问答。表 3-4 显示,农民选择换工对象的原因主要有:"近,方便,熟悉"(占 39.7%);"大家相互帮助,农忙干活是来回穿梭着做"(占 28.8%);"关系好,合脾气,一家人"(占 26.7%)。后两种原因其实都有一个隐含的前提条件,就是"近"或者"比较近",只是回答者更突出了互相帮助的性质或人际关系的色彩,深刻体现出换工作为一种人际网络的互惠和信任的特征。此外,有少数人的原因是"习惯"、"节约现金,没钱雇人"和

“节约劳力和时间”，这三项合计只占4.8%。“节约现金，没钱雇人”这个原因与刘克祥对甲午战争后换工现象的发现很相近，因为在当时，换工主要发生在贫苦农民之间，是缺少现金收入和其他就业机会的互救选择。风笑天在研究三峡移民社会网络的时候也发现，移民通过社会关系动员劳动力的时候，占主导地位的考虑因素是便利性，因此邻居始终是他们第一位的选择①。

表3-4　选择换工对象的考虑(N=146)

考虑的原因	频率	百分比	累积百分比
近，方便，熟悉	58	39.7	39.7
互相帮助，农忙干活是来回穿梭做	42	28.8	68.5
关系好，合脾气；一家人；可靠；搞好关系	39	26.7	95.2
习惯	4	2.7	97.9
节约现金，没钱	2	1.4	99.3
节约劳力和时间	1	0.7	100.0
合计	146	100.0	

(五)对换工与雇工的态度

调查询问了农民“愿意相互换工还是雇工”(见表3-5)。192个有效样本中，79.2%的人回答愿意“相互换工”，9.4%的人选择“有些事换工，有些事雇工”，只有11.4%的人宁愿雇工。有的农民甚至说“花钱请不到人，不花钱才请得到人”。至于为什么愿意换工而不愿意雇工，有农民指出，有的农活很散很小，很多很杂，如果雇工无论如何也得算半天劳动，远不如相互换工方便和划算；而且大家邻里乡亲的，不用算计那么清楚。“有些事换工，有些事雇工”的具体解释是，重活雇工，轻活换工。表现出农民对待换工融进了许多情感性的心理动机，而对待市场化的雇工则是完全的工具理性，这就是社会资本与市场配置资源的区别所在。对与自己关系密切、互相交换劳动的友好家庭，不让对方干重活；对通过市

① 风笑天，等. 落地生根：三峡农村移民的社会适应[M]. 武汉：华中科技大学出版社，2006：126.

场渠道用货币等价交换的劳动力，则以经济理性的标准，通过雇工来完成重活。对于换工当中是否有人占便宜，83.2%的人认为一般不会有，4.9%的人从来没有想过这个问题。反映出大多数农民相信与自己交往的换工对象，并且不少人是简单沿袭多年的习俗，从来不曾思考过换工中的利益得失。

表3-5　互助与雇工的选择及对互助的看法

愿意互助还是换工	频率	百分比	互助是否有人占便宜	频率	百分比
换工	152	79.2	一般没有	158	83.2
付钱雇工	22	11.4	是	23	12.1
有些事帮忙，有些事雇工	18	9.4	没想过	9	4.7
合计	192	100.0	合计	190	100.0

四、换工影响因素的描述性分析

根据假设，选择了一产收入比、耕地面积、实际劳动力人数、少儿抚养比、人均收入、工资收入比、已婚人数、男性人数、户主年龄、户主文化、户主政治面貌、成员平均上学年限、无（打工、参军和干部）经历的人数、全年外出人员比例、口粮来源、生产工具价值等可能影响换工选择的变量，与“是否换工”进行一对一的相关性分析。然后，对与换工显著相关的变量再进行分人群的比较，并挑选出与之同类的其他变量进行替换，考察是否存在能够更好地解释换工的变量。在此过程中，剔除了一些理论上应该有影响但实际上却不相干的变量，如成员的受教育水平等。对剩下的变量，本书采用分类统计的办法，在此逐一进行描述分析。

（一）换工与地域的相关性

在调查和整理数据的过程当中，明显感受到不同地域在换工方面的差异。对调查涉及的所有县份按合江县、新都县、双流县、大足县、郧西县、郧县、丹江口市、西峡县和淅川县的顺序依次赋值为1—9。从下表可见，换工与地域之间确实存在显著的相关性，在0.001的水平上相关系数为-0.346（见表3-6）。换工比例最大的是丹江口市，达86.5%；其次是西峡县和淅川县，均为81%；合江的样本全部不换工。按省份来看，河南省和湖北省的换工比例均在80%以上，重庆市为56.9%，四川省是43.1%（见表3－1）。

（二）换工与家庭收入及其结构之间的关系

表3－6 换工与地域及收入结构的相关性

		全年总收入	一产收入	一产收入比	二三产业收入	二三产收入比	农业外收入	县份
是否换工	Pearson 相关性	－0.088	0.086	0.110**	－0.100*	0.108	－0.113**	－0.346***
	显著性（双侧）	0.112	0.122	0.047	0.070	0.167	0.042	0.000
	N	328	327	327	327	166	327	328

注：*、**、***分别表示在0.1、0.05、0.01的水平（双侧）上显著相关。

换工与第一产业收入比重、农业外收入[①]之间均在0.05的水平上显著相关，相关系数分别为0.110、－0.113（见表3－6），与二三产业收入在0.1的水平上负相关。即：来自大农业的收入比重越高，换工的可能性越大；相反，来自大农业以外的收入越高，换工的可能性越小。换工与全年总收入、二三产收入及其比重的关系都不具有统计上的意义。

（三）换工与家庭人均收入水平的关系

换工与人均收入在0.1的水平上负相关，与人均农业外收入、人均农业外劳动收入均在0.05的水平上负相关，三个相关系数分别为－0.093、－0.115、－0.112（见表3－7）。即收入越高，越倾向于不换工。可以解释为：收入高的家庭其时间的机会成本高于当地的劳动力工资率，因此宁愿选择雇工，或者选择对农业粗放经营而把劳动力投入其他产业。换工与人均农业收入正相关，与人均经营收入和人均工资收入均为负相关，不过这三种关系都不具有统计显著性。总体上，换工与人均农业外收入的相关系数最大，统计上也最显著。

① 这里的农业外收入等于二三产业经营收入、工资性收入、财产性收入及转移性收入之和，即全年总收入中减去一产业收入后的剩余部分。

表 3－7　换工与人均各种收入的相关性

		人均收入	人均农业外收入	人均农业外劳动收入	人均农业收入	人均经营收入	人均工资收入
是否换工	Pearson 相关性	－0.093*	－0.115**	－0.112**	0.072	－0.080	－0.057
	显著性(双侧)	0.091	0.037	0.043	0.197	0.147	0.301
	N	328	327	328	327	327	328

注：*、**分别表示在 0.1、0.05 的水平(双侧)上显著相关。

(四)换工与家庭耕地面积和政府补贴的关系

相关系数分析证明，耕地面积与换工的相关性为 0.104，但只在 0.1 的水平上显著。考虑到政府的种粮补贴和退耕还林补贴均与农户的耕地面积有关，此处增加考察换工与补贴之间的关系。结果不出意料，换工与政府补贴之间呈现强烈的正相关关系，比耕地面积对换工的影响系数大，在 0.01 的水平上统计显著；同时，耕地面积与政府补贴之间也显著正相关。家庭政府补贴总额、按经济共享人口或总人口计算的人均政府补贴与换工之间的相关系数分别为 0.151、0.159、0.151，均在 0.01 的水平上显著(见表 3－8)。

表 3－8　换工、耕地面积、政府补贴之间的关系

		政府补贴	耕地面积	人均政府补贴 1	人均政府补贴 2	人均耕地 1	人均耕地 2
是否换工	Pearson 相关性	0.151***	0.104*	0.159***	0.151***	0.078	0.068
	显著性(双侧)	0.007	0.067	0.004	0.007	0.171	0.235
	N	318	311	318	318	311	311
耕地面积	Pearson 相关性	0.169***	注：人均政府补贴 1 = 政府补贴/经济共享人口 人均政府补贴 2 = 政府补贴/总人口 人均耕地 1 = 耕地面积/经济共享人口 人均耕地 2 = 耕地面积/总人口				
	显著性(双侧)	0.003					
	N	307					

注：*、***分别表示在 0.1、0.01 的水平(双侧)上显著相关。

之所以出现政府补贴与换工的关系要比耕地面积与换工的关系更密切的现象，原因在于这里的耕地面积是农户实际经营的面积，由于部分农户有转出或者转入耕地的行为，因此实际耕地面积有可能大于或小于农户在集体承包的耕地面积，而政府的补贴是根据后者来计算的。按经济共享人口或者总人口计算的人均耕地面积与换工的相关性都不显著，这说明农业生产主要是以家庭为单位决策的，家庭的整体耕地规模大，换工的可能性才大。

（五）换工与家庭劳动力人数的关系

通常，统计局公布的劳动力数据是以 15—64 岁劳动年龄人口来表示。实际上，这部分人群中有一些因病或因上学不能劳动；也有 65 岁以上仍然从事劳动，可以当做半个劳动力的；还有专职抚养年幼孩子、不参加生产劳动的年轻女性；以及少数赋闲的女性。本处的实际劳动力，是指从 15—64 岁的劳动年龄人口中剔除了因上学和患病不能劳动的人口之后的那部分。换工与家庭劳动年龄人口、实际劳动力人数之间都呈现正向的微弱关系，相关系数分别为 0.057 和 0.062（见表 3－9），二者的相关性在统计学上不具有显著意义。由于劳动力大量外出务工，因此，这个指标不能真正反映在家务农的人数。

表 3－9　换工与家庭劳动力人数和婚姻结构的关系

		劳动年龄人口	实际劳动力数	已婚人数	已婚人数比例	未婚人数	未婚比例	丧偶离婚人数
是否换工	Pearson 相关性	0.057	0.062	－0.089	－0.114**	0.130**	0.150***	0.021
	显著性（双侧）	0.299	0.265	0.108	0.039	0.019	0.007	0.706
	N	328	328	328	328	328	328	328

注：**、***分别表示在 0.05、0.01 的水平（双侧）上显著相关。

（六）换工与成员婚姻状况的关系

一般而言，已婚者更注重家庭的稳定，而务工意味着在外奔波，许多情况下居无定所，农业则是最稳定的职业和生活方式，所以，已婚者应该比未婚者更倾向于务农。未婚者则比较热爱按时上下班、按时领工资的非农业生产方式和城市里的生活方式。从相关分析来看，已婚人口比例、未婚人数确实与是否换工在统计上显著相关，但是关系的方向却与推理完全相反：换工与已婚者比例之间呈现负相关关系，相关系数为 －0.114（在 0.05 的水平上显著）；与未婚人数及未婚比例之间却呈现正相关关系（见表 3－9）。这种矛盾现象的可能原因之一，是由于样本的未婚者中有较多未成年人。

（七）换工与成员年龄结构的关系

表 3－10　换工与年龄结构的相关性

		总抚养比	老人抚养比	少儿抚养比	老人数	老人比例	成人平均年龄	成员平均年龄
是否换工	Pearson 相关性	－0.040	－0.098*	0.020	－0.074	－0.046	－0.078	－0.073
	显著性（双侧）	0.470	0.080	0.716	0.184	0.402	0.160	0.187
	N	322	322	322	328	328	328	328

注：* 表示在 0.1 的水平（双侧）上显著相关。

家庭成员年龄可以用平均年龄和抚养比来表示。理论上，抚养比越高，则能够参与换工的人数越少，越倾向于不换工。表 3－10 显示，换工与老人抚养比之间呈现相反的弱相关关系；与总抚养比、成人平均年龄和成员平均年龄都是负向的弱相关关系，并且均不具有统计上的意义。这几组关系都在正常的推理之类，意味着年龄与换工是相反的变化方向。

（八）换工与成员受教育程度的关系

考虑到受教育程度的影响是多方面的，这里考察了换工与初中以下人数、初中人数、高中及以上人数、成员平均受教育年限及成人平均受教育年限之间的关系。表 3－11 显示，换工除了与初中以下人数是负向关系外，与其他变量都是正向的关系，不过完全不显著。与初中以下人数呈现负向关系，原因是该人群以老年人为主。

表 3－11　换工与受教育程度的相关性

		初中以下人数	初中人数	高中及以上人数	成人平均上学年限	成员平均上学年限
是否换工	Pearson 相关性	－0.072	0.030	0.003	0.066	0.001
	显著性（双侧）	0.192	0.582	0.964	0.236	0.983
	N	328	328	328	325	328

（九）换工与务农人数及比例的关系

经过对务农人员的几种不同分类处理后发现，换工与务农三个月以上的人数及其在家庭成员当中的比例呈现显著的正相关性，但是与务农人数及其比例、务农半年以上人数及其比例的正相关关系均不显著。这说明，换工活动的进行，首先需要农民在家待的时间足够长，而不仅仅是务农即可；同时，这个足够长的时间并不要求半年以上，因为换工的主要时间在插秧收割的短暂农忙季节。这里需要说明的是，换工与居家人数及其比例之间没有显著的关系（见表3－12），究其原因，是由于居家的人当中除了能从事重体力劳动的青壮年男性之外，还包括老年人、未成年人和妇女。

表3－12　换工与务农人数、务农时间的关系

		务农人数	务农比例	务农3月以上人数	务农3月以上比	务农半年以上人数	务农半年以上比	居家3月以上人数	居家3月以上比
是否换工	Pearson相关性	0.068	0.034	0.144***	0.106*	0.086	0.054	0.016	－0.011
	显著性（双侧）	0.223	0.543	0.009	0.056	0.122	0.326	0.768	0.850
	N	328	328	328	328	328	328	328	328

注：*、***分别表示在0.1、0.01的水平（双侧）上显著相关。

（十）换工与性别的关系

一般来说，换工的工种大多属于高强度的体力活，因此多限于男性。一些对体力要求不高的杂活曾经也在妇女之间相互换工，但是随着农业重要性的下降，许多农户在处理农活的时候实行“挑大放小”，农业生产经营愈加粗放，妇女换工就更没了市场。不过，根据表3－13的统计结果，换工与家庭成员的性别结构之间并没有呈现出明显的关系。

（十一）换工与成员政治面貌的关系

农民家庭在农忙的时候是否采取与人换工的方式，与家庭成员的政治面貌之间是否有关联性呢？换句话说，党员或者干部家庭是否有区别于普通村民家庭的换工偏好？表3－13的统计结果显示，换工选择与政治面貌之间没有显著的相关性。

表3-13 换工与性别、家庭政治面貌的相关性

		男性人数	男性比例	女性人数	是否党员干部家庭	干部人数	党员干部人数
是否换工	Pearson 相关性	-0.006	-0.061	0.051	0.060	0.072	0.061
	显著性(双侧)	0.918	0.273	0.353	0.281	0.192	0.269
	N	328	328	328	328	328	328

(十二)换工与成员经历的关系

是否换工与家庭成员中无任何(打工/参军/当干部)经历的人数之间呈现非常显著的正相关,在0.01的统计水平上相关系数达0.252(见表3-14)。换工与参军经历人数之间负相关,但在统计上并不显著;与有过干部经历的人数、有过打工经历的人数之间均为弱的正相关关系。很显然,换工的主体是那些从来没有任何经历、以务农为主的人群。前些年,外出务工者往往会在农忙时节赶回家插秧和收割,然而,近年来随着外出务工的距离越来越远、务工工资越来越高和农业的重要性日益下降,赶回家乡抢种抢收的农民工也越来越少。

表3-14 换工与各种经历人数的相关性

		参军经历人数	干部经历人数	打工经历人数	无经历人数
是否换工	Pearson 相关性	-0.089	0.074	0.042	0.252***
	显著性(双侧)	0.107	0.181	0.454	0.000
	N	328	328	328	328

注:***表示在0.01的水平(双侧)上显著相关。

(十三)换工与商品化程度和机械化程度的关系

理论上讲,农产品商品化程度可以用农产品销售金额占农产品价值总额的比例来代表,但是这个数据还必须区分农业的具体行业,在种植业中则应区别农作物种类。总体上,畜牧业和渔业与换工没有什么关系;种植业里的传统粮食作物是换工的主要领域,对于种植商品化蔬菜的农户,一般是不换工的。在湖北郧县柳陂镇和四川新都县及双流县的样本中,

专业化的蔬菜种植户较多,他们的回答都是"种菜,不换工"。虽然没有调查粮食销售金额,但可以根据调查判断该数据在调查的区域与换工无关。因为,河南淅川县的农户耕地较多,粮食商品化程度较高,而换工的比例却高达81%;换工比例同为81%的西峡县,是地处高山区域、耕地非常稀少,以林果业为主要农业的地区,与淅川县的情况大为不同;四川和重庆的大田农业都是糊口农业,农民一般情况下不会出售粮食,只有那些贫困家庭在资金无力周转的时候才会出售一点粮食。这里以口粮的来源渠道是属于自给还是购买来代替粮食商品化指标。根据假设,如果家庭的口粮主要依靠购买,说明该家庭商品化程度高,一般不会选择换工的行为。数据分析结果证实,口粮主要依靠购买的家庭,绝大部分不换工,换工与口粮商品化之间在0.01的水平上呈现显著的负相关关系,相关系数为-0.149(见表3-15)。但是口粮依赖购买的家庭只有24户,所以口粮是否购买对换工的影响非常有限。换工与农业机械价值之间虽然呈现负向关系,但是不具有显著性。河南和湖北两省样本76%的农户拥有现代的农业机械(拖拉机、播种机等),但是换工比例仍占80%以上。

表3-15　换工与机械化、口粮商品化和户主特征的相关性

		农业机械价值	口粮来源#	户主年龄	户主文化	户主是否党员干部
是否换工	Pearson 相关性	-0.072	-0.149***	-0.119**	0.070	0.104*
	显著性(双侧)	0.409	0.007	0.032	0.211	0.060
	N	135	324	327	323	328

注:*、**、***分别表示在0.1、0.05、0.01的水平(双侧)上显著相关。

口粮来源依次赋值为:自给=1,购买=2。

(十四)换工与户主的关系

户主作为一家之主,在家庭经营决策尤其是农业经营决策中占据重要地位。相关性分析显示,户主年龄与换工之间呈显著的负相关关系。户主年龄越大,越倾向于不换工。这很好解释,因为换工是彼此数量和质量相当的劳动力的交换,较年轻的当然不愿意和年老的换工。换工家庭的户主平均年龄,比不换工家庭的年轻2.72岁。联系前面换工与家庭成员平均年龄及老人数等年龄指标之间均没有显著关系，可以推知换工与年龄的关系主要取决于户主的年龄。换工与户主文化之间的正相关关系不具有统计学意义，与户主政治面貌在 0.1 的水平上正相关（见表 3－15），即：户主是党员干部的家庭，换工的比例大于户主是普通村民的家庭。

五、换工影响因素的 logistic 模型分析

（一）变量选择

把“是否换工”作为因变量（换工 = 1，不换工 = 0），适合采用二元逻辑回归法进行模型模拟。根据前面的描述性分析，归纳出与换工相关性比较显著的 9 个变量进入回归分析，它们是：县 x_1，户主年龄 x_2，务农 3 月以上人数 x_3，耕地面积 x_4，一产收入比 x_5，人均政府补贴 x_6，无经历人数 x_7，老人抚养比 x_8，未婚比例 x_9。其中，县是哑变量，以淅川县为参照水平（见表 3－16）。选择淅川县为参照水平，是因为该县的样本比较大（N = 78），如果参照类的样本太小，可能导致与它进行对比的水平参数估计的误差增大，进而可信区间扩大，精确度降低。有学者认为，参照水平组的频率应不少于 30 或 50 例①。

表 3－16　分类变量编码

	频率	参数编码						
		(1)	(2)	(3)	(4)	(5)	(6)	(7)
1 合江县	12	1.000	0.000	0.000	0.000	0.000	0.000	0.000
2 新都县	8	0.000	1.000	0.000	0.000	0.000	0.000	0.000
3 双流彭山县	44	0.000	0.000	1.000	0.000	0.000	0.000	0.000
4 大足县	45	0.000	0.000	0.000	1.000	0.000	0.000	0.000
5 郧西县	3	0.000	0.000	0.000	0.000	1.000	0.000	0.000
6 郧县	59	0.000	0.000	0.000	0.000	0.000	1.000	0.000
7 丹江口市	47	0.000	0.000	0.000	0.000	0.000	0.000	1.000
9 淅川县	78	0.000	0.000	0.000	0.000	0.000	0.000	0.000

① 张文彤．spss 统计分析高级教程［M］．北京：高等教育出版社，2004：175.

(二)模型及其检验

Spss提供了六种筛选自变量的方法,这六种方法选入自变量都是基于score统计检验结果,区别在于剔除自变量的依据不同。①向前法(Conditional):基于条件参数估计的向前逐步回归法。剔除变量是基于条件参数估计似然比检验结果。②向前法(LR):基于最大似然估计的向前逐步回归法。剔除变量则基于最大偏似然估计的似然比检验结果。③向前法(Wald):基于Wald统计量的向前逐步回归法。剔除变量是基于Wald卡方检验结果。④向后法(Conditional):基于条件参数估计的向后逐步回归法,剔除自变量的依据与①相同。⑤向后法(LR):基于最大似然估计的向后逐步回归法,剔除自变量的依据与②相同。⑥向后法(Wald):基于Wald统计量的向前逐步回归法,剔除自变量的依据与③相同。基于条件参数估计和偏最大似然估计的筛选方法都比较可靠,尤以后者为佳,而基于Wald的方法则不然,因为它未考虑到各因素的综合作用,当因素间存在共线性时,结果不可靠,应当慎用①。因此,这里采用向后似然估计逐步回归法(backward stepwise(LR))作为自变量筛选方法,经过5次迭代后,得到如下结果:

1. 回归模型显著性检验

表3-17 模型系数的综合检验

		卡方	df	Sig.
步骤5[a]	步骤	-0.198	1	0.656
	块	83.259	11	0.000
	模型	83.259	11	0.000

表3-17是迭代的最后一步对模型中是否所有参数均为零的似然比检验。模型的显著性水平为0.000,即所有自变量回归系数同时为零的概率为零,说明模型整体检验非常显著。

① 张文彤. spss统计分析高级教程[M]. 北京:高等教育出版社,2004:175.

2. 模型拟合优度检验

表 3-18 是最终模型的 -2 倍对数似然值、两个伪决定系数 Cox & Snell R^2 和 Nagelkerke R^2。这里的“伪”意在区分它们与线性回归模型中的决定系数。两个伪决定系数从不同的角度解释了因变量的变异占因变量总变异的比例。对于 logistic 回归而言，通常伪决定系数不如线性回归模型中的决定系数那么大，0.244 和 0.341 是比较好的检验结果。

表 3-18　模型汇总

步骤	-2 对数似然值	Cox & Snell R^2	Nagelkerke R^2
5	289.811[a]	0.244	0.341

从表 3-19 可知，Hosmer-lemeshow 检验得到卡方显著性水平为 0.903，说明由预测概率获得的期望频数与观察频数之间的差异完全没有统计学意义，即模型拟合效果很好。

表 3-19　Hosmer 和 Lemeshow 检验

步骤	卡方	df	Sig.
5	3.449	8	0.903

模型的分类（见表 3-20）结果表明，观测时不换工的 95 户样本中，预测正确率只有 44.2%；观测时换工的 203 户样本中，预测正确率达 94.6%。整体的预测正确率为 78.5%。说明模型对解释换工家庭比较有效，对解释不换工的影响因素方面仍然有欠缺。

表 3-20　预测分类表[a]

	已观测		已预测		
			是否换工		百分比校正
			否	是	
步骤 5	是否换工	否	42	53	44.2
		是	11	192	94.6
	总计百分比				78.5

a. 切割值为 0.500

3. 模型参数估计及其显著性检验

这里迭代时筛选变量的依据是，进入“a =0. 05”，剔除“a =0. 1”。经过5次迭代后，9个变量中有5个变量进入了模型。它们是：县 x_1，户主年龄 x_2，务农3月以上人数 x_3，人均政府补贴 x_6，无经历人数 x_7。其中，x_1 总体上不显著，但其中 $x_1(2)$ 在0. 05的水平上显著，$x_1(7)$ 在0. 1的水平上显著；x_3 只在0. 1的水平上显著。但是如果去除 x_1、x_3，则会明显影响模型的优度（见表3－22）。

表3－21　方程中的变量

		B	S. E,	Wals	df	Sig.	Exp（B）	EXP（B）的 95% C. I.	
								下限	上限
步骤5[a]	x_1 县			11. 653	7	0. 113			
	县（1）	－21. 726	11488. 796	0. 000	1	0. 998	0. 000	0. 000	
	县（2）	－2. 276	1. 140	3. 982	1	0. 046	0. 103	0. 011	0. 960
	县（3）	－0. 163	0. 470	0. 120	1	0. 729	0. 849	0. 338	2. 136
	县（4）	－0. 482	0. 467	1. 068	1	0. 301	0. 617	0. 247	1. 541
	县（5）	－1. 165	1. 322	0. 777	1	0. 378	0. 312	0. 023	4. 159
	县（6）	－0. 231	0. 449	0. 265	1	0. 607	0. 794	0. 329	1. 914
	县（7）	0. 937	0. 565	2. 751	1	0. 097	2. 552	0. 843	7. 719
	x_2 户主年龄	－0. 035	0. 015	5. 572	1	0. 018	0. 966	0. 938	0. 994
	x_3 务农3月以上人数	0. 288	0. 159	3. 283	1	0. 070	1. 334	0. 977	1. 823
	x_6 人均政府补贴	0. 002	0. 001	5. 199	1	0. 023	1. 002	1. 000	1. 004
	x_7 无经历人数	0. 334	0. 159	4. 428	1	0. 035	1. 397	1. 023	1. 908
	常量	1. 734	0. 792	4. 790	1	0. 029	5. 662		

表3－22　如果移去项则建模

变量		模型对数似然性	在－2对数似然中的更改	df	更改的显著性
步骤5	x_1 县	－161. 962	34. 112	7	0. 000
	x_2 户主年龄	－147. 800	5. 790	1	0. 016
	x_3 务农3月以上人数	－146. 602	3. 393	1	0. 065
	x_6 人均政府补贴	－148. 991	8. 171	1	0. 004
	x_7 无经历人数	－147. 418	5. 025	1	0. 025

至此,可以建立影响换工的 logistic 回归方程:

设 $z = 1.734 - 21.726x_1(1) - 2.276x_1(2) - 0.163x_1(3) - 0.482x_1(4) - 1.165x_1(5) - 0.231x_1(6) + 0.937x_1(7) - 0.035x_2 + 0.288x_3 + 0.002x_6 + 0.334x_7$

$$P(y=\text{换工}) = \frac{e^z}{1+e^z}$$

(三)主要结论

模型输出结果中,B 是偏回归系数,B >0,意味着相应的自变量对因变量是增强的作用;B =0,意思是该自变量对因变量没有影响;B <0,则该自变量对因变量是减弱的作用。EXP(B)常常称作 OR 值或者优势比,它的含义是当其他自变量固定不变时,该自变量每变化一个单位,发生(换工)的概率与不发生(换工)的概率之比的自然对数值。从逻辑回归的结论,我们可以推导出如下结论:

1. 户主年龄对换工有负向显著影响

户主年龄越大,换工的可能性越小。户主年龄对应的 OR 值 = 0.966,即户主年龄每大一岁,换工概率与不换工概率相比的对数值就减少 3.4%。由于农村家庭早已不是以整个家庭的劳动力从事农业生产经营,因此,家庭规模、家庭实际劳动力人数和男性人数都对换工没有显著影响。户主年老的家庭,子女都已成年,他们属于新一代的农民工,对土地没有多少留恋,许多人甚至未曾干过农活,初中毕业就外出打工。只有正值壮年的户主,一方面传承了农民的生活方式和对土地的依赖,另一方面子女尚幼而父母已不能劳动,所以这部分人群务农和换工的概率较大。

2. 务农 3 月以上人数对换工有正向显著影响

相应的 OR 值为 1.334,即务农 3 月以上的人数每增加一人,则该家庭换工的发生比是原来的 1.334 倍。那些务农时间在 3 个月以下的农民,一般是年底才从务工地回乡,这时农时早已经过去,所以这部分人群是不会换工的,务农于他们而言也是可有可无的事情。而那些常年在家务农的人口,往往年龄较大,或者以从事专业化农业生产,也不会换工。

3. 人均政府补贴有微弱的正向作用

虽然人均政府补贴与换工的相关性很显著，但是对换工的影响程度比较小。人均政府补贴每增加1元，家庭换工的发生比为1.002。说明政府对农民的各种补贴虽然有提高农民保障的作用，但是很少有本来需要换工的农户会因为补贴而放弃换工。这从另外一个角度也说明，政府的种粮补贴、退耕还林补贴和农机补贴总体上是有效的，刚好补贴了那些农业生产在家庭经济中占有重要地位的农户。

4. 无经历人数的影响最大

5个变量中，无经历人数对换工的影响程度最大，相应的发生比为1.397。即无经历人数每增加一人，该家庭换工发生概率与不换工发生概率之对数比是原来的1.397倍。这说明那些没有打工、参军和当干部任何一种经历的人群，既是农村务农的主体，又是换工的主体。

5. 地域与换工之间的相互关系

与参照水平淅川县相比较，除了丹江口市以外，其他各县的换工发生率都小于淅川县。x1(1)合江县、x1(2)新都县、x1(3)双流县、x1(4)大足县、x1(5)郧西县、x1(6)郧县的换工发生比依次是0、0.103、0.849、0.617、0.312和0.794。只有x1(7)丹江口的发生比是2.552。地域的影响是各方面因素综合作用的结果，而决定性的因素是农村中最重要的两种生产要素——土地与劳动力的产出－成本的现实比例。详细解析开来又包括三个因素。首先是土地数量、质量和农业的重要性不同。无论家庭耕地规模还是人均耕地规模，双流、淅川、丹江口和郧县的样本均列前四位，其中淅川和丹江口的耕地质量又显著高于双流；而大足县高升镇属于山区，耕地极少且贫瘠。由此，淅川、丹江口和郧县的换工比例远高于双流和大足。第二，地理位置造成的劳动力稀缺程度及务工距离的差别。四川省的三个样本县均属于交通发达地区，其中双流和新都是成都的郊县，而合江县的样本村也地处交通枢纽，因此，劳动力比其他样本区域更稀缺。同时，合江的劳动力在本地很少有务工机会，只能远赴他乡；而双流与新都的劳动力多半就地务工，能够兼顾农事。所以新都和双流的换工比例大于合江县。合江的农业多限于留守妇女和老人耕作，尚有极少数留乡务农的壮年男子，但是男子不会和老弱妇孺换工。这些留乡务农的男子成立了专门的耕作队伍，比照外出务工的劳动工资率，专门为留守的老人和妇女提供插秧和收割的农业生产服务。第三，观念和习俗的差异。大足县的耕地规模很小，低于合江县，但换工比例接近60%，而后者为零，应该是观念和习俗不同的缘故。不过，观念和习俗的差异迟早会随着土地与劳动力之间的产出－成本比而变化，只是这种变化在不同地区可能不完全同步。

六、小结

综合前面的描述性分析及回归分析，可知年龄是换工的一个约束因素，说明换工是讲究对等交换的劳动互助；同时，无经历人数越多，换工的可能性越大，表明换工还是一种传统习俗，在较少受到外界影响的人当中保存较好。由于所选样本区域在经济发展水平、耕地规模和商品化程度上虽然有差异，但是差异不足以形成鲜明的对比，所以这几个方面的影响未能从回归模型中分别加以证实，而是综合反应在地域差异上。刘克祥发现换工多发生在耕地很少的贫苦农民当中，而本研究中，耕地面积、收入与换工之间的关系均不显著。原因之一应该是解放前的土地向地主集中，地主的大农场是资本化、商业化经营的方式，自然只剩下贫农需要换工。现在的农户家庭耕地规模并不比解放前的贫农大多少，农业生产中规模经营与糊口农业的两极分化不明显，农业产业整体处于弱势地位，因此换工与收入和耕地面积之间的联系不是很密切。对换工的深入分析，还需要调查具体实施换工劳动的农民本人，在年龄、经历、身份和务农时间等方面的特征，以及扩大样本到经济水平、耕地规模和生产方式等各方面差异更大的地区加以对比。这些领域尚有待后续的进一步研究。

随着工业化的推进，农村社区的青壮年绝大部分外出务工，剩下老弱妇孺和极少量壮年男性留守农村和农业。在家的老人、妇女与壮年在劳动力资源上不对等，这种资源拥有差异导致的异质性，促使农业生产劳动的货币化和交易理性的形成。换工向雇佣劳动的转化已逐渐进入刘克祥归纳的第四个阶段，专业化的雇佣劳动正在逐步取代换工劳动，劳动的交换和调剂是以货币为媒介来实现的，并且雇佣范围不再局限于原来换工的小圈子，而是通过自由雇工实现劳动调剂和平衡。由于各地发展的不平衡，这种转化表现出换工与雇佣劳动之间不同的组合形式。在这个转换的过程当中，农户之间在农业生产方面越来越不再相互需要，原来由换工促成的互动逐渐减少甚至消失，将会导致相应的社会资本的消减。

第二节　打工信息网络与农民非农就业

当农业变得越来越不那么重要的时候，非农就业成为大多数农户的主要经济行为，非农就业信息相应地上升为农户从社会网络中可以动员的重要资源，对大部分以打工收入为主的农村家庭，可以说是最重要的资源。社会资本对求职的效果，是经济社会学关注的主要议题之一。而社会关系网对求职的重要作用，在各国的研究结果中几乎都已达成共识。

一、已有研究概述

（一）弱关系的力量

研究社会关系在求职中的作用最具影响力的当属格兰诺维特。他于1973年发表了著名的论文——《弱关系的强度》，提出弱关系对求职者的重要力量，引起了广泛的关注。他通过对波士顿郊区300名白领的职业流动调查，发现57%的人最近一次更换职业是通过亲属和社会关系获得职业信息，而不是通过正式的市场渠道；并且，使用弱关系获得就业信息的人往往能向上流动到更好的职位，利用强关系的人则相反。这一经典的发现广为学者们引用，它表明，世界上最发达的市场经济国家美国，其就业信息的传递也不是完全市场化的①。格氏从四个维度来界定人际关系的强弱。一是互动的频率，互动次数多为强关系，少则为弱关系。二是情感强度，感情深为强关系，感情弱为弱关系。三是亲密程度，越亲密关系就越强，反之则是弱关系。四是互惠交换，互惠交换多而广就是强关系，少而窄则为弱关系。他认为，关系的强弱是由这四个方面共同作用的结果，强关系往往在相似的人群中间发展起来，而弱关系则在不相似的人群之间形成，因此，强关系维系着群体或组织内部的联系，而弱关系则在群体或组织之间建立了联系纽带。格氏提出，由于弱关系链接不相似的群体，承载的信息异质性高，因此，从信息传递的角度来看，强关系的力量是弱小的，弱关系的力量反而是强大的，这就是著名的"弱关系的力量"②。

然而，社会网络与社会资本的功能不仅仅局限于信息的传递。格兰诺维特后来在《经济行动与社会结构：嵌入性问题》一文中，借用卡尔·波兰尼的嵌入性概念说明，信任嵌入在社会网络之中，而经济行为嵌入在社会的信任结构之中。他认为，作为最基本的经济行为，交换要得以实现，必须以交易双方有一定程度的相互信任作为基础。如果交易双方没有起码的信任，卖方不相信买方有付款的能力和意愿，买方不相信卖方的物品质量符合自己的要求，那么交易就无法进行③。有学者指出，嵌入性强调的信任隐含着强关系的重要性，因为信任的获得和巩固要求交易双方长期的接触和交往，那么就意味着格氏的弱关系假设与其嵌入性概念相冲突④。此后，许多学者对格氏的两个理论进行了实证研究，扩展和修正了他的理论。再后来，社会资本概念出现并扩展，逐渐包容了社会网络、社会资源、信任和嵌入性等理论。1992 年，伯特（Ronald Burt）在其出

---

① Mark S. Granovetter. The Strength of Weak Ties[J]. The American Journal of Sociology, 1973, 78,(6): 1360 - 1380.

② Mark S. Granovetter. The Strength of Weak Ties. The American Journal of Sociology, 1973,78,(6): 1360 - 1380.

③ Mark Granovetter. Economic Action and Social Structure: The Problem of Embeddedness[J]. The American Journal of Sociology, 1985,91(3):481 - 510.

④ 边燕杰．社会网络与求职过程[DB/OL]．1998 年社会学研讨会演讲稿．http://tsq2.5read.com/pdf/ED0A8282BA75F078B0BCE1723187DF24 - 1299070291.pdf,2011 - 02 - 01.

版的《结构洞:竞争的社会结构》一书中,明确提出关系强弱与社会资源、社会资本的多少没有必然的联系。伯特所谓的结构洞,是指社会网络中的某些个体或群体之间无直接联系或关系间断的现象,从网络整体看,好像网络结构中出现了洞穴。比如在 A、B、C 组成的网络中,如果 AB 相联,BC 相联,而 AC 断开,则 AC 就是一个结构洞。他认为,结构洞的存在,使得拥有众多异质关系的 B 获得了信息优势和控制优势,在存在资源竞争的背景下,B 愿意保留结构洞而不是链接这个桥梁,即使 A 或者 C 与 B 是强关系,B 也不会轻易将结构洞两方的 A 和 C 链接起来[①]。伯特实际上针对的是非过剩信息的问题,即在零和博弈的竞争中,竞争者首先考虑的是利用自己掌握的关系获得竞争优势,而不是与关系人共同获益。

(二)强关系的力量

为了检验格兰诺维特的弱关系对求职的力量是否在其他国家具有解释力,日本学者渡边深(Shin Watanabe,1985)在东京进行了一项样本规模达2500 多人的大型调查,调查结果与格氏在美国的调查截然相反。在获得职业信息方面,大部分美国白领利用弱关系,而渡边深发现,大部分日本白领却利用强关系。在关系效应方面,美国白领如果利用了弱关系,往往增加了向上流动的机会,而日本白领却相反,运用强关系反而能获得报酬丰厚的好工作。渡边深分析,日本白领与美国白领在求职上表现出来的这种明显差异,主要有两个原因:一是日本中小企业录用雇员时不像大型企业那样有严格的审查程序,而是采取比较简便的方式,往往由主管决定录用谁;二是日本中小企业为了降低招聘雇员的成本,增强雇员对企业的忠诚度,往往倾向于利用社会网络寻找合适人选[②]。伯恩德·韦格纳(Bernd Wegener,1987)在联邦德国对白领和蓝领分别进行的调查中发现,蓝领工人更可能通过强关系进行职业搜寻,而白领则往往通过弱关系向上流动。这种现象的背后是网络的异质性。他认为,由于网络内部的

---

① 边燕杰. 社会网络与求职过程[DB/OL]. 1998 年社会学研讨会演讲稿. http://tsq2.5read.com/pdf/ED0A8282BA75F078B0BCE1723187DF24-1299070291.pdf,2011-02-01.

② Bernd Wegener. Job Mobility and Social Ties: Social Resources, Prior Job, and Status Attainment[J]. American Sociological Review, 1991,56(1):60-71.

其他成员地位较低，处于较高地位的人在强关系中无法获得更好的社会资源，只能跳出自己的圈子，到其他网络中寻找。因此，高地位职业的人利用弱关系而不是强关系[①]。格兰洛维特本人后来又证明，在提供非过剩的信息方面，强关系比弱关系具有优势。到80年代，他进一步发现，当人们处境不安全时，强关系会起作用。

中国20世纪末的城市工人大批下岗和其后的民工潮引起了中国学者的关注和思考，此时，社会资本的概念和研究范式在西方乃至世界各国迅速升温，于是中国学者借鉴社会资本的概念和理论，研究国内下岗工人的再就业和农村剩余劳动力的非农化过程。最早的研究是边燕杰于1988年在中国天津市进行的千户调查，以检验格兰诺维特的弱关系假设在计划经济下的中国会有怎样的表现。调查结果发现，45%的人第一份工作是通过亲友关系找到的，关系越熟对求职者越有利。他据此提出了“强关系的假设”。边燕杰认为，中国社会是伦理本位的社会，信息传递往往是人情关系的结果，而非原因；以人情为基础的交换关系通常是有强关系特征的网络结构，资源和信息的获取取决于人情关系的强弱。这是因为，一方面中国的正式制度在信息分配上不均衡、不透明；另一方面，人情交换关系是一种相互约束、信任和互惠义务，所以，只有强关系才能刺激交换的动机。该研究此后成为国内研究社会网络与求职的重要典范。为了验证市场经济国家里的华人社会是否与天津有类似的现象，边燕杰和他的同事先后在新加坡（1994年）和中国香港（1998年）进行了实证研究，研究的结果证实了他的强关系假设。边燕杰还提出三个假设：一是制度安排假设，即社会主义公有制的制度为强关系主导的人情网提供了空间，而资本主义私有制则为弱关系主导的信息网开辟了前景。二是市场化假设，即越是市场化的经济，越要求信息多方传递，此时弱关系的作用越大；市场化程度越低，人情关系越重要，则强关系的作用越大。三是劳动力供给效应假设，越是劳动力供大于求的环境下，人情交换的作用越

---

① Bernd Wegener. Job Mobility and Social Ties: Social Resources, Prior Job, and Status Attainment [J]. American Sociological Review, 1991, 56(1): 60–71.

大,因此强关系的作用也越大;反之,弱关系的作用就越大①。这是从劳动力供给的一面来分析。实际上,社会资本与地位获得之间的关系同时适用于劳动力市场的供需两面,只是研究者主要关注求职的这一方。劳动力短缺的背景下,从劳动力需求方的角度分析,雇主压力会增加,迫使他们利用强关系寻找雇员,从而增大强关系的作用。

林南指出,在职业地位的获得中使用社会资本并不比使用正式渠道具有优势。如果说这个过程中使用社会资本具有优势的话,往往是针对诸如女性、文化程度低者以及缺乏技能等弱势群体而言,因此获得的职业地位自然也比较低。他进一步指出,对于较高地位的职业,并非全都不需要使用非正式渠道,而需要进行具体分析。比如对于高层管理者和涉及人际交往的职位,由于正式的职业证书经常不能充分传达足够的人才信息,这时就需要借助社会网络渠道②。换句话说,职业地位如果分为上中下三个层次,则中间层次主要通过正式制度来分配,而上层和下层则更多地使用社会资本渠道来分配。

张其仔认为,不存在一个普适性的弱网的通用理论,在研究强网和弱网作用的过程中必须对其发生作用的文化和背景展开梳理和分析,强网和弱网的作用都应置于动态而不是绝对的位置上。他对强弱关系的判断,是通过事件介入法计算介入系数,系数越大则关系越强③。

王奋宇和赵延东利用1998年"中国城镇劳动力流动"研究的调查数据,研究了农民工当前的月收入与受教育年限、原始社会网络(进城时的社会网络)及个体特征之间的关系。他们的研究结论是,对于教育程度较低的农民工而言,使用了社会资本比不使用社会资本给他们带来更高的收入;只有那些受教育程度较高的农民工,才可以不凭借社会资本、仅依靠人力资本就能获得较高的收入。他们的解释是,人力资本对收入的

① 边燕杰. 社会网络与求职过程[DB/OL]. 1998年社会学研讨会演讲稿. http://tsq2.5read.com/pdf/ED0A8282BA75F078B0BCE1723187DF24-1299070291.pdf,2011-02-01.

② 林南. 社会资本——关于社会结构与行动的理论[M]. 张磊,译. 上海:上海人民出版社,2005:92.

③ 张其仔. 社会网络与基层社会生活—晋江市西滨镇跃进村案例研究[J]. 社会学研究,1999(3):25-34.

作用要在使用社会资本后才能显著表现出来。他们发现,农民工进城时的社会资本对当前的经济地位没有明显作用,但是进城后的社会资本则显著影响当前的经济地位,并据此推测进城后建立的社会资本更为有效。类似的结论也在熊瑞梅和黄毅志对台中的研究中发现。熊和黄发现,网络资源总数对首次工作地位有显著影响,但是它们对当前的职业地位没有任何影响[①]。此外,王奋宇和赵延东证实了格兰诺维特的弱关系强度命题,发现农民工在求职过程中更依赖同乡、同学和朋友等弱关系[②]。这个结论与多数学者对农民工求职中强关系的力量的结论不一致。不过,王奋宇和赵延东把同乡归入弱关系,这与一般情况下对强弱关系的分类不一致。因为按照格兰诺维特以及韦伯等人的理论,同乡属于建立在地缘基础上的特殊信任关系,与亲缘和血缘关系同属于先赋性的关系,它与后天通过学缘、业缘和友谊等关系建立起来的网络不同。不知这是否是他们发现农民工求职中弱关系更重要的原因。不过话说回来,同乡的关系也有远近之别。中国人在外闯荡向来有认同乡的习俗,许多同乡就是通过这种方式结识的,而并非在家乡就认识,不少朋友关系与同乡关系彼此交叉重叠。看来,要严格区分同乡和朋友中的关系强弱,还需要更为缜密的调查。

(三)有关社会资本与经济地位因果关系的质疑

虽然许多学者通过大量的实证研究支持了社会资本有助于个体求职以及在工作变动中流向更高职业地位的假设,但是部分学者的发现却与此相反。莫尔在他的研究中就没有发现使用关系对求职者的工资、职业声望和失业持续期有什么显著效用[③]。与此类似,布里奇斯和威伦姆兹(Bridges & Villemez,1986)在雇员使用关系对收入影响的研究中也发现

---

① Hsung, Ray - May and Hwang, Yih-Jib. Social Resources and Petit Bourgeois[J]. Chinese Sociological Quarterly ,1992,16: 107 - 138. 转引自:林南:社会资本——关于社会结构与行动的理论[M].张磊,译. 上海:上海人民出版社,2005:89.

② 王奋宇,赵延东. 流动民工的经济地位获得及决定因素[A]. 李培林主编. 农民工——中国进城农民工的经济社会分析[C]. 北京:社会科学文献出版社,2003:134 - 148.

③ Ted Mouw. Social Capital and Finding a Job: Do Contacts Matter[J]. American Sociological Review, 2003,68(6):868 - 898.

类似的问题。他们通过合并性别、职业和工作经验三个维度上的亚群体使用关系的效用,最后发现使用社会关系在雇佣群体的整体层面上并没有带来收入的提高①。其实,这种关注整个雇员群体的角度,难免模糊了各种亚群体之间的差异,不同职业、种族、性别和学历等特征的亚群体,其社会网络的特征及其社会资本功能并不能简单合并,否则有可能得出自相矛盾或者无法解释的结果。这些质疑促使研究者关注更为细致的问题,此后的研究沿着区分不同阶层、不同性质网络的方向逐步演进。

二、研究的假设、样本和方法

(一)研究假设

中国社会素来以重视关系著称,尤其是传统的中国农村社会。中国的劳动力市场有两个突出的特征。首先,由于中国城乡经济的二元化特征突出,城市劳动力市场"断裂"的特征明显②。在这种断裂的市场中,农民工完全被排斥在正式部门和较好的非正式部门之外。在这样的背景下,社会资本对农民工非农职业地位的获得起着举足轻重的作用,甚至人力资本也要依靠社会资本才能获得表现的机会。第二,近几年以来,"民工荒"愈演愈烈,已经可以确定不是媒体的哗众取宠或者局部的现象,而是劳动力市场供求格局的根本改变,由劳动力大量过剩转变为实业工人的供给明显不足。这种变化从另外一个方面发挥作用,那就是整体上农民非农就业对社会资本的依赖会明显降低,同时,社会资本的作用开始出现分层和分工。由于劳动力市场仍然不健全,以及农民对劳动力市场的了解程度还比较低,因此,农民出于对安全感的需求和降低外出成本的需

---

① William P. Bridges, Wayne J. Villemez. Informal Hiring and Income in the Labor Market[J]. American Sociological Review, 1986,51(4):574-582.

② 有研究指出,中国的城市劳动力市场存在明显的"断裂"现象,一是在城市的正式部门,主要是大中专以上的毕业生和国有部门下海、跳槽的人员竞争的就业市场,一般有较完善的生活保障制度和较高的工作稳定性;二是在城市的非正式部门,主要是国有企业分离出的人员竞争的就业市场,一般生活保障制度不完善但工作相对稳定;三是在城市非正式部门中待遇较差或劳动强度较高领域,主要是农民工竞争的就业市场(何景熙,1999;李培林等,2001)。转引自:王奋宇,赵延东(2003)。虽然当前的劳动力市场与20世纪末已有重大区别,但是体制内和体制外的差异似乎是锁定的关系,农民工只能在体制外的低端劳动力市场进行竞争。

要，第一次外出务工时还需要关系成员的引荐。

综合劳动力市场的两个主要特征以及已有的研究结论，这里针对个体打工者提出以下五个方面的假设：

假设1：总体上农民工的非农就业依靠自己的比例越来越大，与此同时，由于劳动力市场不健全，第一次外出务工者仍然需要利用以亲戚和同乡为主的强关系网络。

假设2：婚姻和年龄在社会资本与非农就业的关系中综合起作用。一方面，已婚者比未婚者拥有更丰富的社会资本网络，一般会比未婚者更多的使用关系寻找工作；另一方面，已婚者年龄比未婚者大，务工经验更丰富，因而有更好的条件依靠自己就业。

假设3：按照常理，女性对亲密的关系更有依赖性，因此通过社会资本中的强关系务工的比例可能高于男性。

假设4：按照格莱泽等人（Glaeser, Laibson and Sacerdote, 2002）的研究结论，年龄与社会资本之间呈现倒U型的关系，社会资本随着年龄的增加先上升后下降①，相应地，对社会资本的使用也先上升后下降。

假设5：由于体制外的劳动力市场不健全，而农民工主要在体制外就业，因此，人力资本需要通过社会资本才能发挥作用，即：即使是较高学历的拥有者，也需要通过社会关系才能找到比较优质的工作。

家庭社会资本的情况比较复杂，因为家庭成员的年龄、性别、婚姻、学历、经历等特征各有不同。因此这里不做假设，而是从实证分析中归纳结论。

（二）研究的样本

打工信息网络的数据同样来自于前述2009、2010年的实地问卷调查。其中，对河南、湖北两省5县市的调查包括两方面：一是针对每个家庭成员当前务工所使用的信息网络及其当前收入的调查，二是针对每个家庭常用打工信息网络的调查。当然，这些问题都由答卷人而非每个家

① Edward L. Glaeser, David Laibson, Bruce Sacerdote. An Economic Approach to Social Capital [J]. The Economic Journal, 2002, 112(483): F437 - F458.

庭成员来回答，因此，对于答卷人不清楚的问题，就会出现缺失值。在四川和重庆的调查则限于以家庭为单位的常用信息网络，未具体到每一个成员。

对个体的调查限于河南、湖北两省的5个县市214户农民家庭、1017人。有效样本的特征见表3-23。由于不同问题的缺失值不在同一处，因此各个指标的有效样本不完全相同。15—64岁的劳动年龄人口占79.9%，尤其以15—30岁的人最多，占35.3%，这说明样本家庭的年龄结构比较年轻。少儿抚养比、老人抚养比和总抚养比分别是12.9%、7.2%和20.1%，明显低于同期全国的平均水平，后者分别为26.0%、11.3%和37.4%[①]。男性占51.6%；学历以初中为主，占45.8%；已婚者占57.1%。村干部、普通党员和普通村民分别占2.8%、5.6%和91.6%。

表3-23 河南湖北的个体样本特征

<table>
<tr><th colspan="2">分类</th><th>样本数</th><th>百分比</th><th colspan="2">分类</th><th>样本数</th><th>百分比</th></tr>
<tr><td rowspan="6">年龄</td><td>0—14岁</td><td>131</td><td>12.9</td><td rowspan="6">婚姻</td><td>已婚</td><td>576</td><td>57.1</td></tr>
<tr><td>15—30岁</td><td>358</td><td>35.3</td><td>未婚</td><td>382</td><td>37.9</td></tr>
<tr><td>31—50岁</td><td>273</td><td>26.9</td><td>丧偶</td><td>47</td><td>4.7</td></tr>
<tr><td>51—64岁</td><td>178</td><td>17.6</td><td>分居</td><td>1</td><td>0.1</td></tr>
<tr><td>65岁以上</td><td>73</td><td>7.2</td><td>离婚</td><td>2</td><td>0.2</td></tr>
<tr><td>合计</td><td>1013</td><td>100.0</td><td>合计</td><td>1008</td><td>100.0</td></tr>
<tr><td rowspan="3">性别</td><td>男</td><td>522</td><td>51.6</td><td rowspan="5">政治面貌</td><td>村干部</td><td>18</td><td>1.9</td></tr>
<tr><td>女</td><td>490</td><td>48.4</td><td>党员</td><td>53</td><td>5.6</td></tr>
<tr><td>合计</td><td>1012</td><td>100.0</td><td>村干部兼党员</td><td>9</td><td>0.9</td></tr>
<tr><td rowspan="5">学历</td><td>小学及以下</td><td>297</td><td>34.4</td><td>普通村民</td><td>874</td><td>91.6</td></tr>
<tr><td>初中</td><td>395</td><td>45.8</td><td>合计</td><td>954</td><td>100.0</td></tr>
<tr><td>高中及中专</td><td>133</td><td>15.4</td><td></td><td></td><td></td><td></td></tr>
<tr><td>大专及以上</td><td>38</td><td>4.4</td><td></td><td></td><td></td><td></td></tr>
<tr><td>合计</td><td>863</td><td>100.0</td><td></td><td></td><td></td><td></td></tr>
</table>

① 国家统计局．中国统计年鉴2009[M/CD]．http://www.stats.gov.cn/tjsj/ndsj/2009/indexch.htm,2011-01-01.

表3－24统计了从事非农业的个体其各种主要特征。449个从事非农业时间大于等于1个月的人中，全年从事非农业的人超过一半，达51.9%（这里把全年从事非农业时间在11个月以上的均算作全年从事非农业，剩下的那一个月是回家过年的时间）。非农就业方式中，打工占绝对主导地位，达74.2%。非农就业地点呈现出两头多、中间少的趋势，即近距离留在本村的人多、远距离到外省的人多，各占28.8%和44.3%；在村外省内从事非农业的人少。从事制造业和各种服务业的人最多，分别占38.7%和43.8%，然后是建筑业占15.1%。

表3－24 个体样本的非农就业特征（2008年）

分类		样本数	百分比	分类		样本数	百分比
非农就业时间（月/年）	1	10	2.2	非农就业地点	本村	126	28.8
	2—5	54	12.0		村外乡内	17	3.9
	6—10	152	33.9		乡外县内	36	8.2
	11—12	233	51.9		县外省内	65	14.8
	合计	449	100.0		外省	194	44.3
					合计	438	100.8
非农就业方式	自营	88	20.3	非农就业行业	采矿业	10	2.4
	打工	322	74.2		制造业	159	38.7
	雇主	8	1.8		建筑业	62	15.1
	公职	16	3.7		服务业	180	43.8
	合计	434	100.0		合计	411	100.0

（三）研究的方法

本研究采用描述性定量统计分析为主、定性分析为辅的方法。

三、个体打工信息网络的描述性分析

（一）个体打工信息网络统计

首先按个体来分析打工信息的来源网络，询问个体当前的职业是通过什么渠道获得，有效样本为339例。统计发现，339人中，目前的工作主要是依靠自己获得，占60.8%；亲戚和朋友紧随其后，分别占16.3%和

15.6%,这三者累计达92.7%。中介和政府各占3.2%,利用同学寻找工作的仅有3人。如果按照强弱关系来划分,把亲戚归为强关系,把朋友和同学归为弱关系,则依靠强关系、弱关系找到目前工作的农民工分别占16.3%和16.5%,弱关系甚至略超过强关系。可见后天获致的弱关系对就业的重要性,已经与强关系相当甚至略为超过强关系,在一定程度上证明了格兰诺维特关于弱关系力量的假设。而这里表现出的首要的特征是,不使用关系、完全凭借自己的能力找工作,已经成为农民务工的最主要途径。这个发现证明了假设1的前半部分,即农民越来越依靠自己找工作。

表3-25　目前职业的信息网络(按个人,N=339)

打工信息网络	自己	亲戚	朋友	同学	中介	政府	合计
频率	206	55	53	3	11	11	339
百分比	60.8	16.3	15.6	0.9	3.2	3.2	100.0
累计百分比	60.8	77.1	92.7	93.6	96.8	100.0	

(二)婚姻与打工信息网络

继续分析婚姻与打工信息网络的关系。表3-26显示,已婚者依靠自己和朋友就业的比例超过未婚者,分别高出5.9和6个百分点;但是依靠亲戚和中介的比例低于未婚者,分别低9.8和5.7个百分点。按照常理,已婚者的亲戚网络资源更丰富,似乎通过亲戚寻找工作的比例应该多于未婚者。我们在假设2中提到,婚姻与年龄(意味着经验)是共同发挥作用的。未婚者中第一次打工的比例大于已婚者,而第一次打工往往依靠亲戚或同乡引荐,因此,未婚者通过亲戚就业的比例高于已婚者。已婚者年龄一般大于未婚者、已有外出务工的经验,并结交了更多的朋友,因此依靠自己和朋友找工作的比例较大。这一点,证实了假设1的后半部分和假设2。

表3-26　婚姻与打工信息网络（频率，%）

	打工信息网络（按个人，N=205）						合计
	自己	亲戚	朋友	同学	中介	政府	
已婚	125(64.1)	23(11.8)	35(17.9)	1(0.5)	2(1.0)	9(4.6)	195(100.0)
未婚	78(58.2)	29(21.6)	16(11.9)	1(0.7)	9(6.7)	1(0.7)	134(100.0)
丧偶	2(100.0)	0(0.0)	0(0.0)	0(0.0)	0(0.0)	0(0.0)	2(100.0)
合计	205(61.9)	52(15.7)	51(15.4)	2(0.6)	11(3.3)	10(3.0)	331(100.0)

注：括号中为百分比。

（三）性别与打工信息网络

从表3-27可以看出，男性与女性对各种打工信息网络的使用只有微小的区别。男性依靠自己找到目前工作的比例稍高于女性，多出4.2个百分点；而女性利用中介的比例却高出男性4.7个百分点；女性使用亲戚网络的比例略高于男性，而男性使用朋友关系的比例略高于女性。证实了假设3中关于女性更依赖强关系（亲戚）的推测。这与林南的研究结论也是一致的[①]。整体上，女性和男性通过社会资本找到工作的比例均为31.6%，完全相等。

表3-27　性别与打工信息网络（频率，%）

	打工信息网络（按个人，N=332）						合计
	自己	亲戚	朋友	同学	中介	政府	
男	128(63.4)	31(15.3)	32(15.8)	1(0.5)	3(1.5)	7(3.5)	202(100.0)
女	77(59.2)	21(16.2)	19(14.6)	1(0.8)	8(6.2)	4(3.1)	130(100.0)
合计	205(61.7)	52(15.7)	51(15.4)	2(0.6)	11(3.3)	11(3.3)	332(100.0)

注：括号中为百分比。

（四）年龄与打工信息网络

总体来说，60岁以上的打工者非常稀少，有效样本中仅2人。因此，表3-28中，51—64岁组的成员年龄主要在51—60岁之间。15—30岁是打工的主力军，占打工样本的59.5%，这就是所谓的“新生代农民工”；

① 林南. 社会资本——关于社会结构与行动的理论[M]. 张磊，译. 上海：上海人民出版社2005：123-125.

31—50 岁的占 33.8%。31—50 岁年龄组依靠自己就业的比例最大，达 64.3%，说明他们凭借自己长期务工的经验，更能够自己找到工作。15—30 岁组依靠亲戚和中介的比例在各组中最大，依靠亲戚的理由同前面对未婚者的解释一样，是由于他们中第一次外出务工者比较多，这些人需要亲戚的引荐；依靠中介则表现出新生代农民工更多的利用现代劳动力市场的就业机制。51—64 岁组依靠朋友就业的比例最大，为 18.2%；但与 31—50 岁组的差距不大，后者为 17.9%。说明年纪较长者在外闯荡的过程中建构了自己的朋友关系网。这里，各年龄组从年轻到年老，使用社会资本就业的比例依次为 32.5%、31.3% 和 27.3%，呈现逐次递减的现象，没有证实假设 4。这个发现表明，在低端供不应求的劳动力市场里，年龄越大的求职者，依靠社会资本就业的比例越低。

利用同学就业的有效样本虽然只有两例，但他们恰好都在 30 岁以下，说明新生代农民工开始注重同学这种关系网络的运用。

表 3-28　分年龄组的打工信息网络（频率，%）

	打工途径（按个人，N=331）						合计
	自己	亲戚	朋友	同学	中介	政府	
15—30 岁	120(60.9)	35(17.8)	27(13.7)	2(1.0)	10(5.1)	3(1.5)	197(100.0)
31—50 岁	72(64.3)	15(13.4)	20(17.9)	0(0.0)	0(0.0)	5(4.5)	112(100.0)
51—64 岁	13(59.1)	2(9.1)	4(18.2)	0(0.0)	1(4.5)	2(9.1)	22(100.0)
合计	205(61.9)	52(15.7)	51(15.4)	2(0.6)	11(3.3)	10(3.0)	331(100.0)

注：括号中为百分比。

（五）学历与打工信息网络

表 3-29 显示，高中组依靠自己找工作的比例最低，同时，依靠亲戚朋友的比例最高；大专及以上学历组 100% 依靠自己找到工作；小学及以下组依靠自己找工作的比例仅次于大专及以上组。这些发现表明，学历与就业对社会资本的使用之间不是线性关系，而是呈现类似倒 U 型的关系，即：利用社会资本的比例一开始随着学历的上升而逐渐增加，到达某一临界点之后迅速下降。这个临界点在这里表现为大专学历。

表 3-29　学历与打工信息网络（频率，%）

	打工途径（按个人，N=325）						合计
	自己	亲戚	朋友	同学	中介	政府	
小学及以下	28(66.7)	5(11.9)	7(16.7)	0(0.0)	0(0.0)	2(4.7)	42(100.0)
初中	130(62.2)	34(16.3)	30(14.4)	2(1.0)	9(4.3)	4(1.9)	209(100.0)
高中	35(54.7)	12(18.8)	12(18.8)	0(0.0)	2(3.1)	3(4.6)	64(100.0)
大专及以上	10(100.0)	0(0.0)	0(0.0)	0(0.0)	0(0.0)	0(0.0)	10(100.0)
合计	203(62.5)	51(15.7)	49(15.1)	2(0.6)	11(3.4)	9(2.8)	325(100.0)

注：括号中为百分比。

那么，如何解释高中学历利用社会资本的比例最高的情形呢？也许可以从收入的差距来解释。从表 3-30 可以看出，打工月收入与学历在 0.05 的水平上显著正相关，相关系数是 0.127。其中，高中组的月收入均值是 1833 元，分别比初中组和小学及以下组超出 259 元和 551 元，仅比大专及以上组低 204 元。由于就业的职位远比初中及以下学历者要好，而其学历又不足以突破临界点完全依靠自己找到好工作，因此需要借助朋友和亲戚的引荐。这证实了假设 5 中关于人力资本需要借助于社会资本才能发挥作用的推测。在这里，学历与月收入的显著正相关关系，又一次证明了人力资本对农民工经济地位的重要作用。

表 3-30　学历与月收入的相关性及分学历组月收入

相关性分析		学历	学历分组	月收入均值（元）	N（人）
打工月收入	Pearson 相关性	0.127**	小学及以下	1282	37
	显著性（双侧）	0.035	初中	1574	175
	N	276	高中	1833	55
			大专及以上	2037	5
			总计	1595	272

注：**表示在 0.05 的水平（双侧）上显著相关。

（六）月均收入与打工信息网络

在文献综述中提到，格兰诺维特发现“弱关系的力量”，而边燕杰发现华人社会里“强关系的力量”。此后，陆续有其他学者证实了边的研究结论，即中国人更多地依靠强关系寻找工作。但同时也有研究者发现，通过关系网络找到的工作与通过其他方式找到的工作相比，并不具备职业地位优势。有人因此质疑说，既然如此，关系就没有体现出它的力量。

从表 3－31 看，通过同学找到的工作月收入最高，不过由于只有 2 个样本，缺乏代表性，有待以后的研究加以佐证。依靠政府找到的工作月收入居第二位，但是样本也小。样本比较大的“自己、亲戚、朋友”三类网络中，依靠自己与依靠朋友找到的工作收入相当，后者仅比前者低 5 元，但它们均明显高于依靠亲戚找到的工作。这并不等于说亲戚网络的职业资源都比较差。可能的原因之一是前面提及的，第一次打工者往往通过亲戚找到工作，此时的低工资是由于缺乏经验。另外可能的原因是依靠亲戚寻找工作的个体除了缺乏经验之外，也许其他方面的就业能力也比较弱。这两种情况都不能归因于亲戚网络本身无助于找到好工作，而是需要分析求职者自身的条件。

表 3－31　打工月均收入（元，人）

打工信息网络	均值	频率	标准差	极小值	极大值
自己	1695.00	161	1321.806	458	10000
亲戚	1369.19	48	588.255	600	3333
朋友	1689.96	43	1102.296	417	5222
同学	2340.91	2	224.989	2182	2500
中介	911.69	7	405.904	600	1500
政府	1880.30	9	1658.356	250	6000
总计	1626.93	270	1187.243	250	10000

如何解释依靠同乡和朋友此类弱关系找到高收入工作的现象？根据韦格纳的研究结论，居于网络中较高地位的人处于他们自身网络与上一层网络相邻的边缘，因此，他们无法在强关系中获得有用的资源，只能跳出原有的网络，到更高一级的网络中寻求所需的资源，这就是弱关系产生力量的原因。这里的较高地位是以什么为标准？是学历、技能、年龄还是经验？显然，要弄清楚强关系或者弱关系是否有助于就业

者寻找到更好的工作,需要把网络以外的各种因素控制在相同的水平下,才能得出结论。此外,还需要进一步考察什么样的群体倾向于选择强关系网络,什么样的群体偏爱弱关系网络,各种网络如何分化与发育,以分别适应哪一种人群。渠敬东是从动机和功能的角度总结出农民工"为了生存紧紧抓住强关系,为了发展紧紧抓住弱关系"①,但是,哪些农民工的重点是为了生存?哪些又主要为了发展?这里已然牵涉到阶层的问题。虽然已有学者发现了蓝领和白领的不同网络选择倾向,白领和蓝领确实也是一种易于操作且比较有效的分类标准,但是对于农民工,又是什么因素把他们区分为白领和蓝领呢?很显然,人力资本和社会资本在农民工的社会分层中彼此交互作用,并且所处时代背景还会抑制或增强它们的功用,这又使得分层的过程和标准愈加复杂化。

(七)政治面貌与打工信息网络和收入

表3-32显示,政治面貌②与学历和打工收入均呈现显著负相关,相关系数分别为-0.070、-0.280。换句话说,普通村民的学历整体上低于村干部和党员,并且,普通村民的打工月收入整体上低于村干部和党员。政治面貌和学历③均与打工信息网络类型④呈现反方向的关系,相关系数分别为-0.015、-0.018。也就是说,学历越高,或者政治面貌是干部或党员的,依靠自己、中介和政府就业的可能性越大。虽然政治面貌和学历与打工网络类型之间的相关性不具有统计意义,但它仅仅说明它们之间没有显著的线性关系,并不排除可能有非线性的系统关系。

① 渠敬东.生活世界中的关系强度——农村外来人口的生活轨迹[A].柯兰君,李汉林.都市里的村民:中国大城市的流动人口[C].北京:中央编译出版社,2001:40-70.

② 政治面貌依次赋值为:村干部=1,党员=2,村干部兼党员=3,普通村民=4。下同。

③ 学历依次赋值为:小学及以下=1,初中=2,高中=3,大专及以上=4。下同。

④ 打工信息网络类型依次赋值为:自己=0,中介和政府=1,朋友和同学=2,亲戚和邻居=3。下同。

表 3-32　学历、政治面貌与打工信息网络和收入的相关性

		打工信息网络类型	学历	打工月收入	政治面貌
学历	Pearson 相关性	-0.015	1	0.127**	-0.070**
	显著性(双侧)	0.792		0.035	0.046
	N	325	863	276	820
政治面貌	Pearson 相关性	-0.018	-0.070**	-0.280***	1
	显著性(双侧)	0.751	0.046	0.000	
	N	327	820	278	954

注：**、***分别表示在 0.05、0.01 的水平(双侧)上显著相关。

由表 3-33 可知，村干部和党员依靠政府就业的比例远高于普通村民。不过样本数很小，不能就此下结论，只是暗示政治社会资本可能有助于就业。

表 3-33　政治面貌与打工信息网络(频率，%)

	打工信息网络类型												合计	
	自己		亲戚		朋友		同学		中介		政府			
	N	%	N	%	N	%	N	%	N	%	N	%	N	%
村干部或兼党员	7	70.0	1	10.0	0	0.0	0	0.0	0	0.0	2	20.0	10	100.0
党员	9	69.2	2	15.4	1	7.7	0	0.0	0	0.0	1	7.7	13	100.0
普通村民	186	61.2	49	16.1	49	16.1	2	0.7	11	3.6	7	2.3	304	100.0
合计	202	61.8	52	15.9	50	15.3	2	0.6	11	3.4	10	3.1	327	100.0

(八)就业地点与打工信息网络

表 3-34 显示，在县外省内就业依靠自己的比例最高，达 69.1%；在本村和外省则相对较低，可能是因为本村就业机会较少，对外省又不了解情况，因而需要外援的可能性大些。在乡外县内依靠亲戚的比例最大，为 22.6%；村外省内整个中等距离的务工，亲戚均远比朋友更重要，这个现象可以用莱文斯坦关于迁移距离的规律来说明，即人口的迁移由近及远逐步外推，因此，中等距离务工者中投靠城镇亲戚的比远距离的多。在本村和外省依靠朋友就业的比例最大，分别为 18% 和 18.3%，并且依靠朋友的比例均略大于亲戚，表明在最近距离和最远距离①的务工中，朋友的

① 这里的外省主要是沿海和北京，其距离明显超过省内的距离。

重要性略在亲戚之上；前者可以解释为，一方面，留在家里的亲戚已经很少，能够在就业中帮忙的概率也相应下降；另一方面，家门口的就业竞争比较激烈，因而需要广交朋友。后者比较容易理解，因为距离越远，结识朋友的机会越多，朋友在链接信息桥梁中发挥的作用越大。在本村、村外乡内和乡外县内均没有依靠同学和中介就业的，在本县域内的87例务工中，竟无一例通过中介就业，说明劳务输出地的就业市场发展滞后。在本村和村外乡内依靠政府就业的比例最大，分别为12%和16.7%，说明政治社会资本主要是对本乡内就业发挥作用，在乡外省内的范围没有用处，在政府组织劳务输出的时候可以在外省起到较小的作用。

表3-34 就业地点与打工信息网络类型（频率，%）

	打工信息网络类型													
	自己		亲戚		朋友		同学		中介		政府		合计	
	N	%	N	%	N	%	N	%	N	%	N	%	N	%
本村	28	56.0	7	14.0	9	18.0	0	0.0	0	0.0	6	12.0	50	100.0
村外乡内	4	66.7	1	16.7	0	0.0	0	0.0	0	0.0	1	16.7	6	100.0
乡外县内	19	61.3	7	22.6	5	16.1	0	0.0	0	0.0	0	0.0	31	100.0
县外省内	38	69.1	9	16.4	4	7.3	0	0.0	4	7.3	0	0.0	55	100.0
外省	109	58.6	31	16.7	34	18.3	3	1.6	6	3.2	3	1.6	186	100.0
合计	198	60.4	55	16.8	52	15.9	3	0.9	10	3.1	10	3.1	328	100.0

四、家庭打工信息网络的描述性分析

再看家庭的就业信息网络。这里借鉴格兰诺维特的强弱关系划分方法，但是对强关系、弱关系的划分不严格按照格氏的4个分类标准，而是把亲戚和邻居这样的先赋性关系作为强关系，把朋友等后天获得的关系作为弱关系。本书把就业信息网络分为5类：自己，市场、媒体和政府，弱关系，强关系，强弱关系组合，依次赋值为0—4。其中，市场、媒体和政府包括招工、中介、报纸和电视等现代就业信息渠道及政府，并以市场和媒体为主、政府为辅，因为所有样本中通过政府找工作的总计只有10人；弱关系包括朋友、老板来找、工友、战友、同学和师傅；强关系包括亲戚和邻居;强弱关系组合则包括上述强关系和弱关系中各种渠道的综合使用;弱关系与自己组合,视为弱关系;强关系与自己组合,视为强关系。

(一)家庭的打工信息网络统计

表3-35显示,河南、湖北两省的187个有效样本家庭,依靠强关系找工作的比例排名第一位,达38.5%;其次是自己找工作,占24.6%;第三是依靠弱关系,占18.2%;组合使用强弱关系的占9.1%;市场、媒体和政府占9.6%。家庭与个体分析的结果表现出比较大的差异:个体分析发现依靠自己找工作的比例(60.8%)远远超过家庭分析中的比例(24.6%),而个体使用强关系的比例(16.3%)则远远低于家庭(38.5%),个体使用弱关系的比例也略低于家庭。这种差别产生的原因主要有两个:一是按照家庭来划分网络类型,针对"打工通过何种途径"这个问题,答卷人只回答了"自己",才归入"自己"这种网络类型,如果回答其他途径更多,则归入其他网络类型,这就大大缩减了"自己"的比例;二是调查针对家庭的一般情况,而不是特指寻找目前的工作所使用的网络途径。虽然对家庭打工信息网络的分析不够精确,但是这种分析并非多余,它总体上代表着一种趋势,以及农户对打工信息网络使用的一种意愿;个体分析的优势是更有针对性,能说明更具体的情况。从家庭的整体来看,农户不会放弃使用已有的亲戚、邻居、朋友和政府等各种社会资本存量;从个体来看,农民通过自己的就业经验积累,已经愈来愈从这些社会网络当中独立出来。此外,高比例的依靠自己就业还有一个很重要的原因,就是工业化引致的生产性劳动力日益供不应求的大背景。

表3-35　河南湖北家庭打工信息常用网络(按家庭,N=187)

	打工信息渠道类型					合计
	自己	市场、媒体和政府	弱关系	强关系	强弱关系均有	
频率	46	18	34	72	17	187
百分比	24.6	9.6	18.2	38.5	9.1	100.0

(二)不同地域的家庭打工信息网络

在四川和重庆只调查了家庭的整体就业信息网络,这里与河南、湖北的家庭情况合并分析。表 3－36 统计了四个省市、275 个农户的就业网络。其中,32.0%的家庭依赖亲戚和邻居这样的强关系,居第一位;第二位是依靠成员自己(26.2%);第三是依靠朋友、同学和工友等获致性关系(22.2%);然后是通过劳动力市场、媒体和基层政府(10.8%);还有8.7%综合使用强弱关系的组合网络。总体上,各省市靠自己的就业比例均比较高,在各种网络中仅次于强关系。湖北和河南通过强关系找工作的比例最高,分别为39.0%和37.8%;而四川和重庆使用弱关系的比例较高,分别为31.1%和30.2%。重庆依靠自己的比例最大,为32.6%,并且,重庆对自己、强关系和弱关系的使用相对比较均衡。四川通过市场、媒体和政府寻找工作的比例最大,为22.2%,并以市场和媒体为主,其中媒体又以电视为主。因此,就本调查而言,河南和湖北两省在就业时倾向于依赖传统的社会资本,而四川和重庆则倾向于依赖现代型社会资本。这个结果与前面换工的地域分析一致,即,河南湖北换工的行为比较好的保存下来,四川和重庆(尤其是四川)的换工则比较少。而换工是传统的农业生产组织方式,与之对应的是传统的社会资本(这里不包括西方发达国家的换工自助旅游现象,那是一种完全现代的社会资本类型)。

表 3－36 四省市家庭打工信息常用网络(频率,百分比)

省份或直辖市	打工信息渠道类型(按家庭,N＝275)					合计
	自己	市场、媒体和政府	弱关系	强关系	强弱关系均有	
河南	22(26.8)	6(7.3)	13(15.9)	31(37.8)	10(12.2)	82(100.0)
湖北	24(22.9)	12(11.4)	21(20.0)	41(39.0)	7(6.7)	105(100.0)
四川	12(26.7)	10(22.2)	14(31.1)	4(8.9)	5(11.1)	45(100.0)
重庆	14(32.6)	2(4.7)	13(30.2)	12(27.9)	2(4.7)	43(100.0)
合计	72(26.2)	30(10.9)	61(22.)	88(32.0)	24(8.7)	275(100.0)

注:括号中为百分比。

(三)户主政治面貌与打工信息网络

从表 3－37 可知,户主是村干部兼党员的家庭,将近一半是依靠自己寻找工作。户主是普通党员的家庭,就业信息网络在各种类型上的分布较其他家庭更均匀,而依靠市场、媒体和政府寻找工作的比例(26.3%)

远大于干部家庭(7.2%)和普通村民家庭(8.7%)。普通村民家庭则明显更依赖于强关系网络,占35.1%,干部家庭、党员家庭则分别为21.4%和23.7%。这个统计结果说明,村干部家庭其成员的整体就业能力强于其他家庭,而单纯的党员家庭则更偏好于利用各种社会资本网络来就业。

表3-37　户主政治面貌与打工信息网络(频率,百分比)

户主政治面貌	打工信息网络类型(按家庭,N=274)					合计
	自己	市场、媒体和政府	弱关系	强关系	强弱关系均有	
村干部或兼党员	13(46.4)	2(7.2)	4(14.3)	6(21.4)	3(10.7)	28(100.0)
党员	7(18.4)	10(26.3)	9(23.7)	9(23.7)	3(7.9)	38(100.0)
普通村民	51(24.5)	18(8.7)	48(23.1)	73(35.1)	18(8.7)	208(100.0)
合计	71(25.9)	30(10.9)	61(22.3)	88(32.1)	24(8.8)	274(100.0)

注:括号中为百分比。

(四)婚姻、性别、教育、劳动力、政治面貌和参军经历与打工网络

从表3-38可知,打工信息网络类型①与已婚人数、男性人数、成人平均上学年限、实际劳动力人数(劳动年龄人口剔除因病和因上学不能就业的人口)、政治面貌及人均收入都没有明显的关系;但是与参军经历人数显著负相关,即:参军经历人数越多,依靠自己或市场、媒体及政府就业的比例越大。

表3-38　打工信息网络与婚姻、性别等特征的相关性

		已婚人数	男性人数	成人平均上学年限	实际劳动力数	参军经历人数	党员干部家庭	人均收入
打工信息网络类型	Pearson 相关性	-0.011	-0.052	0.008	0.073	-0.135**	-0.079	-0.025
	显著性(双侧)	0.854	0.392	0.901	0.225	0.025	0.195	0.682
	N	274	274	271	274	274	274	274

注:**表示在0.05的水平(双侧)上显著相关。

表3-39显示,成员有参军经历的家庭,依靠自己和弱关系就业的比例(分别为33.3%和30.6%)明显大于没有参军经历的家庭(分别为

① 打工信息网络类型依次赋值为:"自己"=0,"市场、媒体和政府"=1,"弱关系"=2,"强关系"=3,"强弱关系组合"=4。

25.1%和20.9%);依靠市场、媒体和政府(16.7%)就业的比例也高于后者(10.0%)。有参军经历的家庭,依靠强关系就业的比例为19.4%,比没有参军经历的家庭低14.5个百分点。说明参军的经历有助于个体增强其就业技能并扩展朋友关系。

表3-39 参军经历与打工信息网络(频率,百分比)

		打工信息渠道类型(按家庭,N=275)					合计
		自己	市场、媒体和政府	弱关系	强关系	强弱关系均有	
参军经历	无	60(25.1)	24(10.0)	50(20.9)	81(33.9)	24(10.0)	239(100.0)
	有	12(33.3)	6(16.7)	11(30.6)	7(19.4)	0(0.0)	36(100.0)
合计		72(26.2)	30(10.9)	61(22.2)	88(32.0)	24(8.7)	275(100.0)

注:括号中为百分比。

(五)户主年龄与打工信息网络

户主年龄及年龄分组[①]与打工信息网络类型显著负相关(见表3-40),即:户主年龄越大,依靠自己就业的比例就越大。

表3-40 户主年龄与打工信息网络(按家庭,N=275)

		户主年龄分组	户主年龄
打工信息网络类型	Pearson 相关性	-0.146**	-0.129**
	显著性(双侧)	0.015	0.032
	N	275	275

注:**表示在0.05的水平(双侧)上显著相关。

从表3-41看出,依靠自己就业的比例最高的家庭是户主66岁以上的家庭,随着户主年龄的递减,依靠自己就业的比例也逐级递减,最年轻的40岁以下组在各组中排名最后,仅17.8%,比平均水平低8.4个百分点。对弱关系的使用呈现波浪形递减的趋势,使用弱关系比例最大的是户主小于40岁的家庭(28.9%),使用比例最小的是户主66岁以上的家庭。这一点意味着弱关系与年龄成相反方向的变化,而不是倒U型的关系。个中原因,也许是由于这里讨论的是户主的年龄,大部分在40岁以

① 户主年龄分组的赋值为:40岁及以下=1,41—55岁=2,56—65岁=3,66岁及以上=4。

上,看不到很年轻的群体。样本中,使用强关系最多的是户主41~55岁的家庭,达35.3%;最少的是户主56~65岁的家庭。可以这样来解释,即:对于41~55岁的户主,其亲戚都处于能够帮忙的年龄段;而56岁以上的户主,一方面,其主要亲戚也同样年老,另一方面,由于户主的年老,与亲戚、邻居之间都失去了交换的对等性,从而可以依靠的亲戚邻居也比较少。

表3-41 分户主年龄组的打工信息网络(频率,百分比)

	打工信息网络类型(按家庭,N=275)					合计
	自己	市场、媒体和政府	弱关系	强关系	强弱关系均有	
40岁及以下	8(17.8)	4(8.9)	13(28.9)	14(31.1)	6(13.3)	45(100.0)
41—55岁	32(23.5)	16(11.8)	27(19.9)	48(35.3)	13(9.6)	136(100.0)
56—65岁	25(33.3)	7(9.3)	19(25.3)	20(26.7)	4(5.3)	75(100.0)
66岁及以上	7(36.8)	3(15.8)	2(10.5)	6(31.6)	1(5.3)	19(100.0)
合计	72(26.2)	30(10.9)	61(22.2)	88(32.0)	24(8.7)	275(100.0)

注:括号中为百分比。

网络关系本质上是一种交换关系。交换是两个或两个以上行动者之间进行资源交易的一系列互动。交换有两个核心要素:一是行动者之间具有一定的关系,二是交换导致了资源交易。引起行动者之间产生关系并进行资源交易的交换,包含着社会性的要素与经济性的要素两方面,林南把交换的关系称为社会交换,而交易方面则称为经济交换①。虽然社会学家和经济学家对交换论中的交易理性和关系理性两方面颇有争执,但林南认为,一种理性的支配作为意识形态,反映了对一个社会为了生存而使用自己的历史经验作为数据的程式化的解释。在历史发展中,"有些社会的延续是由于财富的发展",而有些社会"是由于社会团结的发展",前者"支配着交易理性的制度化",后者则"支配着关系理性的制度化"。比如,在中国这样的社会中,一个行动者的社会名声和社会地位是最重要的。他进一步指出,关系交换和交易交换在某种条件下是互

① 林南.社会资本——关于社会结构与行动的理论[M].张磊,译.上海:上海人民出版社,2005:145-146.

补和相互增强的，并且用边际效用原则和集体效用原则来解释两种截然相反的假设。依据边际效用的假设，当一个社区缺乏财富而不缺乏名声时，个体会追逐财富；当财富与名声都缺乏时，社区共同体对财富和名声的重要性将会缺乏一致性的认识，从而使集体面临变迁时会显得异常脆弱①。

本书认为，财富和名声是否缺乏非以绝对指标衡量，不同的时代、不同的社会对财富和名声赋予了不一样的相对地位。中国农村目前面临的社会转型时期，名声的地位下降而财富上升到主导地位，在这样的时代背景下，交易理性将会压倒关系理性，如果关系不能产生收益，这种关系就难以维持。实际上，无论是关系交换抑或交易交换，都需要符合互惠对等的原则，这与儒家倡导的“礼尚往来”也是一致的。年老者既没有对等的资源可以交换，也就无法将社会资本维系在原有的水平，社会资本相应的随之下降。56 岁以上户主家庭的成员更多依靠自己找工作的另外一个重要原因，是由于这样的家庭其子女多在 25 岁以上，已经具有打工经验，可以依靠自己寻找工作。

（六）换工与打工信息网络

换工有助于维系家庭的社会资本，因此，打工信息网络与换工网络之间应该是相互促进的关系。虽然换工者本人打工较少甚至不打工，但是其家庭成员或者其他网络成员往往会打工，彼此可以交换信息，因而这两种网络之间可以相互联接或者交叉重叠。表 3 – 42 的相关性分析证实：是否换工②与打工信息网络之间高度③正相关，相关系数是 0.245。换句话说，换工的家庭，利用各种关系网络的可能性比不换工家庭更大。

---

① 林南．社会资本——关于社会结构与行动的理论[M]．张磊，译．上海：上海人民出版社，2005：146 – 164.

② 是否打工依次赋值为：是 =1，否 =0。

③ 打工信息网络类型依次赋值为：自己 =0，市场、媒体和政府 =1，弱关系 =2，强关系 =3，强弱关系组合 =4。

表 3－42　打工信息网络与换工的相关性

		农忙是否换工
打工信息网络	Pearson 相关性	0.245***
	显著性(双侧)	0.000
	N	270

注：***表示在 0.01 的水平(双侧)上显著相关。

换工家庭与不换工家庭使用关系网络的比例分别为 72.3% 和 48.1%，区别显著。表 3－43 显示，换工家庭使用强关系的比例是 39.0%，高出不换工家庭 16.3 个百分点；使用弱关系的比例则为 23.6%，略高于不换工家庭(22.7%)。不换工家庭使用以现代就业媒介“市场和媒体”为主体之渠道的比例(14.7%)远超出换工的家庭(7.7%)。此外，两种类型的家庭依靠自己找工作的比例同样相去甚远，其中，不换工家庭为 37.3%，换工家庭仅 20.0%，前者比后者多出 17.3 个百分点。总之，换工家庭打工时对社会资本的使用远大于不换工家庭，而不换工家庭对现代求职媒介的使用以及依靠自己的比例则远远高于换工的家庭。其原因可能在于换工家庭较多地承袭了传统的社会资本形式，因为换工是维护传统社会资本的重要方式之一。不换工家庭更倾向于向市场经济主体转型，依赖个人能力和正式制度寻找工作，他们不是传统社会资本的热心支持者。在这里，现代市场经济是社会资本的替代力量，表明市场更有利于劳动力资源的配置，这种替代是竞争的结果，它有利于经济效率的提高，但同时也会降低传统社会资本的作用和水平。

表 3－43　农忙是否换工与打工信息网络(频率，百分比)

农忙是否换工	打工信息网络(按家庭，N＝270)					合计
	自己	市场、媒体和政府	弱关系	强关系	强弱关系均有	
否	28(37.3)	11(14.7)	17(22.7)	17(22.7)	2(2.7)	75(100.0)
是	39(20.0)	15(7.7)	46(23.6)	76(39.0)	19(9.7)	195(100.0)
合计	67(24.8)	26(9.6)	63(23.3)	93(34.4)	21(7.8)	270(100.0)

注：括号中为百分比。

(七)各种特征的家庭打工是否使用社会资本

表 3－44 显示，实际劳动力人数与打工是否使用社会资本显著正相

关,即家庭中实际劳动力人数越多,打工的时候使用社会资本的可能性越大,按照概率的分布来说,这是合乎逻辑的。成人平均年龄、户主年龄均与打工是否使用社会资本显著负相关,换句话说,年龄越大,使用社会资本的可能性越小。原因有二:一是年纪较长的农民往往有丰富的打工经验,更少依赖社会资本就业;二是年龄大意味着社会资本下降,这在前面的第5点已作分析。

表3-44 各种特征的家庭打工是否使用社会资本

		实际劳动力人数	成人平均年龄	户主年龄	已婚人数	男性人数	成人平均上学年限
打工是否使用社会资本	Pearson 相关性	0.184***	-0.169***	-0.147***	0.044	0.039	0.038
	显著性(双侧)	0.001	0.002	0.007	0.422	0.481	0.491
	N	333	333	334	334	334	330

注:***表示在0.01的水平(双侧)上显著相关。

五、小结

从本节的研究中,可以归纳出以下几点结论:

(1)农民工求职越来越依靠自己的能力,对强关系和弱关系的使用比例都比此前的研究结果大为降低。这说明,劳动力市场供求格局的转变,对农民工的求职行为有重大的影响。

(2)市场机制是社会资本的替代力量,它促使市场经济主体减少了对社会资本的利用,转而通过市场机制就业。这种替换是竞争的结果,它显然有利于资源配置效率的提高,但会降低已有社会资本的水平。

(3)网络交换是一种对等和互惠的交换,是具有相似资源特征的人群互动的平台。因此,资源不对等的人群之间即使有交换也难以维持长久,在这种情况下,市场这种现代就业机制就会积极发挥作用。表现之一是年纪大的农民工较少通过社会资本来求职。随着农村居民在各方面的分化,资源不对等的情况将会继续存在或者更加明显,这就导致许多旧有的社会资本网络失去互动的基础。新型的网络会在分化的过程中被建构起来,比如同学网络,但是它们是否会顺利成长,尚难预测。

(4)婚姻与性别在打工社会资本网络的使用中只有较小的差别。女性运用强关系的比例略高于男性，男性运用弱关系的比例略高于女性；已婚者更倾向于依靠自己和后天建构的弱关系，而未婚者在依靠自己之外，主要依赖先赋性的强关系。

(5)人力资本对收入有显著的积极影响，大专学历大概是人力资本的临界点，达到这点，就能依靠自己的力量获得较好的职位；低于这一点并相邻的高中、中专和职高水平，往往需要借助于社会资本的力量，才能谋得向上流动的职位，从而与高中以下学历的农民工区别开来，进入一个较高层次的群体。在这里，社会资本成为中等人力资本跨越网络的桥梁。

(6)本研究中，党员身份明显有助于就业，但其发挥作用的范围主要局限于本乡内。村干部家庭的成员显示出比较强的就业能力，究其原因，也许是村干部家庭的成员本身能力就强，也许是村干部身份有助于其家庭成员能力的培养，本研究尚且无法对其间的因果关系作出判断。由于本调查拥有政治资本的打工信息样本小，只能是暗示政治资本与就业之间可能存在类似的联系，而不能就此得出有代表性的结论。

(7)换工网络与打工信息网络相互促进。换工家庭使用强关系的概率远远超过不换工家庭，对各种关系的组合使用也多于不换工家庭。换工网络主要是农业生产互助的网络，而打工信息网络是非农就业的主要互助网络，如果农民对这两个主要网络的需求进一步减少，能够维系农村社会资本的互动机会也就进一步下降。如果不能培育出新型的农村社会资本，农村社区将会陷入社会资本空前缺乏、一盘散沙的原子化状态。

第三节　资金借贷网络与农户经济行为

传统的社会资本网络凭借血缘和地缘的相互保险功能，在农户的资金往来方面提供了天然的抵押品，并且，由于其具有网络终端封闭的特征，成员之间在生产和生活的许多方面彼此渗透和融合，信息搜寻和监督的成本很低。在农村资金市场落后而农民经济贫困的情况下，社会资本在帮助农户筹集资金、互通有无方面曾经发挥了重要的作用。那么，当今天大多数农民已经脱贫的时候，社会资本在农户资金借贷方面又是什么情况呢？这里的研究对象是河南、湖北、四川和重庆四个省市的333户农民家庭。

一、样本的资金借贷情况统计

表3-45显示了样本户调查时的资金借贷情况。333户家庭中，目前有负债未还清的家庭仅75户。大部分家庭声称近几年以来一般情况下不需要借钱，日常偶遇手头现金短缺，也就是二三百块钱，并且随借随还；只有在建房时需要借钱的金额比较大。这说明农户的经济情况较之以前明显好转。75户家庭的户均负债均值为40009元。其中，57户(76%)在亲友处有欠款，均值为23709元。欠亲友1万元的家庭最多，1万以下的占38.6%，2万以下的占63.2%，84.2%在4万以下，最高一户达到11万元。欠金融机构的有23户；欠高利贷和赊购的分别有2户和5户；欠集体的有7户。略高于300万元的负债总额中，亲友(45%)、金融机构(31.5%)和赊购(20.4%)是最主要的三个资金来源渠道。其中，亲友与赊购合计达65.4%，说明社会资本网络在农户的资金来源渠道中占据重要地位；欠银行的户数不多，但是金额比较大，户均超过4万元。

表3-45　负债及其对象(户，元，%)

	负债总额	欠集体	欠亲友	欠金融机构	欠高利贷	赊购欠款
样本数	75	7	57	23	2	5
均值	40009	12257	23709	41130	2850	122352
均值标准误	12990	5376	2959	15771	850	119417
众数	20000	20000	10000[a]	20000	2000[a]	200[a]
极小值	1000	800	1500	1000	2000	200
极大值	960000	38000	110000	360000	3700	600000
和及构成(%)	3000660 (100.0)	85800 (2.9)	1351400 (45.0)	946000 (31.5)	5700 (0.2)	611760 (20.4)

注：a. 表示存在多个众数。显示最小值。下同。

表3－46 债权及其对象(户,元,%)

	债权总额	亲友欠	赊销债权	集体欠款	政府欠款
样本数	68	58	6	8	3
均值	20394	13191	75683	7563	35175
均值标准误	4403	2667	29296	2094	32451
众数	10000	10000	100[a]	15000	26[a]
极小值	500	1000	100	500	26
极大值	170000	120000	170000	15000	100000
和及构成(%)	1386800(100.0)	765100(55.2)	454100(32.8)	60500(4.4)	105526(7.6)

表3－46是样本家庭调查时的债权情况。有债权的家庭共68户,家庭债权均值为20394元。债权总额13.9万元的去向构成中,亲友欠(55.2%)和赊销债权(32.8%)合计达88%,同样表明了社会资本网络在农户资金去向中的绝对主导地位。不过,同时也表明农户投资渠道的极度缺乏。68户债权人中,58户(85.3%)有借钱给亲友,户均借出13191元。大约1/5的家庭借给亲友的款项均为1万元,70.7%借给亲友的款项在1万元以内,不过借给亲友的款项最高一户达到12万元,再一次证明了农户有比较强的经济实力。

二、借钱用途及资金互助网络

(一)借款的用途及对应渠道

表3－47统计了农户借钱的用途。目前有欠款的75个家庭,借款用途依次为盖房(37.4%)、子女上学(20.9%)、看病和生产经营,合计占84.7%。所有173个近年来有借钱经历的家庭,排名前四位的用途仍然是盖房、子女上学、生产经营和看病,累计占82.8%。还有少量借钱是为了应付日常开支、结婚生子等目的。仅有1户借钱用于技术培训,1户用于入伙投资,表明农户的资金投资渠道极度匮乏。

表 3-47 借钱的用途(户,%)

	目前有欠款家庭(N=75)			近年有借款家庭(N=173)		
	累计频率	百分比	累积百分比	累计频率	百分比	累积百分比
盖房	34	37.4	37.4	67	29.5	29.5
子女上学	19	20.9	58.3	45	19.8	49.3
生产经营	11	12.1	70.4	41	18.1	67.4
看病	13	14.3	84.7	35	15.4	82.8
日常生活开支	5	5.5	90.2	15	6.6	89.4
结婚生子	2	2.2	92.4	9	4.0	93.4
其他(超生罚款等)	4	4.4	96.6	6	2.6	96.0
技术培训、入伙投资	2	2.2	98.8	4	1.8	97.8
丧葬	1	1.1	100.0	3	1.3	99.1
打工路费、还债	0	0.0		2	0.9	100.0
合计	91	100.0		227	100.0	

用于生产经营的借款金额最大,平均每笔 43500 元;其次是建房,平均每笔 30774 元;第三是供子女上学,平均每笔 15792 元;第四是看病,平均每笔 14833 元。生产经营款项从亲友处和金融机构处借款的频率相当,但是在金融机构的借款金额更大。子女上学和建房也有部分通过银行贷款,与在亲友处的借款相比,发生的频率较小而金额稍大。看病只有两笔在金融机构借款,并且金额很小,均值仅为 2000 元。说明银行极不愿意借款给农民解决治病的困难。总体上,建房、子女上学和看病主要通过亲友互助来解决资金需求,尤其是看病,如果没有亲友的帮助,农民几乎没有其他解决办法。

(二)资金来源的整体渠道

根据唐勇智的研究,农户的资金来源渠道,目前主要还是以自己的兄弟姐妹、亲戚朋友、邻居等亲密关系组成的社会网络为主。其中,男方的兄弟姐妹是第一来源,其次是女方兄弟姐妹,然后是双方父母和其他近亲①。

① 唐勇智. 非自愿移民的社会资本补偿——以丹江口库区移民为例[J]. 湖南农业大学学报(社会科学版),2011(1):1-9.

表3－48按照农户资金来源的各种组合方式对本调查进行了统计。其中，只依靠金融机构贷款的占15.7%，其余84.3%均以亲邻和朋友作为主要借款来源；亲友当中，双方的兄弟姐妹和父母又占65.5%，其他近亲占16.2%。借出去的对象中，亲戚也占到将近60%，并且亲戚主要限于双方的兄弟姐妹和父母等近亲；其次是朋友和邻居。总之，资金往来一般发生在近亲、邻居和少数可靠的朋友之间。因为血缘关系是履行义务的天然保障，而共同的居住空间是另外一道天然屏障，俗话说，"跑得了和尚跑不了庙"。朋友之间的资金往来一般限于同乡朋友，即比邻居远、但是不会太远的熟人圈子。

表3－48　资金来源渠道及借钱出去的原因

资金来源渠道	频率	百分比	借钱给对方的原因	频数	百分比
金融机构	31	15.7	是亲戚	108	53.5
同学、朋友、战友、工友、老板、赊账	5	2.5	是朋友	41	20.3
亲戚邻居	112	56.9	是邻居	22	10.9
渠道组合	49	24.9	对方曾借钱给我	8	4.0
合计	197	100.0	将来需对方帮忙	14	6.9
			别人找到我了	9	4.4
			总计	202	100.0

从金融机构贷款普遍需要担保。除了那些经营第二第三产业、经济实力较强的农户之外，普通农户一般需要信誉良好的亲友作担保。调查到的担保对象包括存折抵押、公务员亲戚、银行工作的亲戚和村集体担保等方式，其中亲友担保占52%。由于我国农村土地性质特殊，不能用作贷款抵押，所以农户主要依靠亲友给予担保。离开了这些社会关系，金融机构很难判断农户的还贷能力和信誉，并且由于农村金融机构的效率低下，他们也不愿意付出过多的监督成本，社会资本网络就成为农户最重要的信用抵押品。

（三）资金互助是否支付利息

亲友之间的资金往来大多数不收取利息。负债的57户家庭中，有三户(占5.3%)要支付利息;有债权的58户家庭中,仅有一户(占1.7%)要收取利息。收取利息的对象一般是还贷能力差,或者亲缘关系稍微比较远的借款对象。由于亲友之间的借贷往往周期较长,而银行贷款利率高、周期短、手续复杂,这种没有利息的资金互助能够为借款农户节约大量的资金成本。并且,由于我国的银行存款利率长期偏低,而农户投资的机会极少,所以债权方也不会有很大的损失。

(四)资金往来中是否被人拒绝或拒绝过别人

79.6%的人回答自己在亲友处借钱从未被拒绝过,最重要的原因是自己有信用,其次才是因为彼此是亲戚。还有20.4%的家庭曾经在向亲友借钱时被拒绝过,最主要的原因有两个,一是别人当时也没有多余的钱;二是别人嫌自己穷,担心还不上。均说明社会资本交换的对等性,虽然是建立在关系的前提上,有关系才能开口借钱,但是一定要有既往按时还款的一致行为和潜在的还款能力,关系才会发挥作用。

63.5%的人从未拒绝过借钱给亲友,最主要的原因,首先因为对方是亲戚;其次认为对方既然找到自己,也不好拒绝;三是觉得大家都是熟人,自己也有求别人的时候。36.5%的人曾经拒绝过借钱给亲友,对方不守信用是拒绝的第一位原因,占45.2%;其次是自己也不富裕,占31%。可以看出,亲友之间的资金互助是无偿的,但是并非无条件的。如果借钱的一方太穷,即使在亲友处也很难借到钱,即使勉强借了,也往往要求支付利息。不过如果是兄弟姐妹这样的至亲,一般会鼎力支持,而欠债一方也会竭尽全力及时还钱,不会辜负亲人的帮助。

三、资金借贷网络影响因素的描述性分析

(一)亲友资金往来金额与收入的关系

表3-49是亲友间资金往来金额与各种收入指标的相关性数据。欠亲友的金额和亲友欠的金额均与全年总收入、家庭经营收入、二三产业收入和人均收入高度正相关,但与第一产业收入不具有明显的相关性。这说明,自身经济条件越好的家庭,能借到的钱越多,能借出去的钱也越多。

样本中,同时向亲友借钱并借钱给亲友的只有3户,所以借出去与借进来基本上不是针对相同的家庭,却都符合同样的特征。欠亲友的金额与第一产业收入无关,说明借钱基本上不是为了农业生产。亲友欠的金额与第一产业收入正相关,但是显著性水平只有0.1,说明放债的资金与第一产业收入有关系但关系不是很密切。

表3-49 亲友资金往来金额与收入的关系

		全年总收入	家庭经营收入	第一产业收入	二三产业收入	人均收入
欠亲友金额	Pearson 相关性	0.570***	0.522***	0.034	0.556***	0.546***
	显著性(双侧)	0.000	0.000	0.800	0.000	0.000
	N	57	57	57	57	57
亲友欠金额	Pearson 相关性	0.522***	0.431***	0.235*	0.485***	0.643***
	显著性(双侧)	0.000	0.001	0.076	0.000	0.000
	N	58	58	58	58	58

注:*、***分别表示在0.1、0.01的水平(双侧)上显著相关。

(二)亲友资金往来金额与社会资本的关系

表3-50分析了与亲友有资金往来的家庭,其资金往来金额与打工社会资本和人情收支的相关性。欠亲友的金额与“打工信息网络数量”只在0.1的显著水平上负相关;与其他两类打工社会资本正相关,但完全不显著,这表明打工社会资本与负债没有密切的联系。欠亲友的金额在0.001的显著水平上与人情开支、人情收支差额①分别高度正相关和高度负相关,意味着在亲友处借的钱越多,用于维护社会资本的人情礼金也越多。亲友欠的金额与“打工是否使用社会资本”和“打工信息网络数量”均高度负相关,即打工社会资本越多,亲友欠的钱越少。这里猜测其原因之一可能是由于打工社会资本与收入显著负相关,即打工时使用社会资本较多的家庭收入较低,能够借出去的资金也比较少;也有可能是打工社会资本较多的家庭,其亲友需要借钱的金额比较小。亲友欠的金额与人情开支、人情收入分别在0.01和0.001的显著水平上高度正相关,说明

① 人情收支差额=人情收入-人情开支。

借钱给亲友金额越大的家庭，与亲友的人情往来金额也越大。换句话说，无论是在亲友那里负债较多还是债权较多，都意味着与亲友密切来往，因而这样的家庭都积极维系社会资本网络。

表 3-50 亲友资金往来金额与社会资本的相关性

		打工是否使用社会资本	打工信息网络数量	打工信息网络类型	近五年年均人情开支	近五年年均人情收入	人情收支差额
欠亲友金额	Pearson 相关性	0.038	-0.221*	0.151	0.436***	0.124	-0.435***
	显著性(双侧)	0.780	0.099	0.317	0.001	0.385	0.001
	N	57	57	46	56	51	51
亲友欠金额	Pearson 相关性	-0.283**	-0.347***	-0.188	0.409***	0.585***	0.143
	显著性(双侧)	0.031	0.008	0.170	0.002	0.000	0.317
	N	58	58	55	56	51	51

注：*、**、***分别表示在 0.1、0.05、0.01 的水平(双侧)上显著相关。

(三)社会资本与有无亲友资金往来的关系

表 3-51 分析了所有家庭(仅限于各指标的有效样本)目前是否同亲友存在资金往来与几类社会资本的相关性。"是否亲友欠"与人情开支、过年拜访网络数量和打工是否使用社会资本显著正相关，也就是说，目前在亲友处有债权的家庭，与没有债权的家庭相比，其走亲访友的礼金总额越高、过年拜访的社会资本网络数量越大，打工时使用社会资本的概率也越大。表明借钱给亲友的家庭一方面在维护社会资本上投资较多，另一方面其社会资本水平较高，对社会资本的使用也较多。至于投入和使用是否刚好平衡，并没有精确的计算方法和标准，而往往是主体的主观感受；但是基本可以肯定的是，投入与使用的方向是一致的，即投入越多，使用越多。

表 3-51 亲友有无资金往来与社会资本的相关性

		近五年年均人情开支	近五年年均人情收入	生日拜访网络数	节日拜访网络数	过年拜访网络数	打工是否使用社会资本
是否亲友欠	Pearson 相关性	0.181***	0.076	-0.077	0.027	0.161***	0.175***
	显著性(双侧)	0.001	0.192	0.390	0.766	0.004	0.001
	N	319	294	126	128	321	351

续表

		近五年年均人情开支	近五年年均人情收入	生日拜访网络数	节日拜访网络数	过年拜访网络数	打工是否使用社会资本
是否欠亲友	Pearson 相关性	-0.052	-0.056	-0.137	-0.137	-0.010	0.076
	显著性(双侧)	0.358	0.342	0.126	0.123	0.852	0.156
	N	319	294	126	128	321	351

注：＊＊＊表示在0.01的水平(双侧)上显著相关。

“是否欠亲友”与几类社会资本均缺乏显著的线性关系。可能是由于从亲友处借款的家庭，其借款的对象主要限于夫妻双方的兄弟姐妹和其他近亲(占80%以上)，并不在于社会资本规模的大小，其维护也不一定要通过人情往来的方式，而是有很多种维护方式。虽然相关性不显著，但是相关性的方向还是有一定的意义。“是否亲友欠”与社会资本的维护(人情开支和拜访各种网络数)均呈负相关关系，而与社会资本的使用(打工是否使用社会资本)呈正相关关系，与人情收入也呈负相关关系。人情收入其实也是一种负担，因为它遵循“礼尚往来”的准则，要想少支出，自然得少收入。可以看出，欠亲友的家庭近年来对社会资本的物质投入较少，但不排除他们有其他形式的社会资本投入，或者在未来有潜在的回报能力，因此能够从亲友那里获得资金和打工信息的帮助。

四、小结

目前，农户需要借钱的情况并不多，目前在亲友处有负债的只占全部样本的17%，在亲友处有债权的也与之相当。筹集的资金极少用于生产经营和投资，表明农户对农业生产没有积极性；用于生产经营以外的用途占到大约86%，主要是用于建房，这种沿袭传统方式的一家一户自行建房，虽然可以改善农户的居住条件，但是不利于土地和资金的合理利用。除了生产经营借款外，其他各种用途的资金很少从金融机构借款，尤其是看病，几乎不能从金融机构获得贷款。农户借钱的主要渠道是亲友和邻居(占各种渠道的84.3%)，其中又以双方兄弟姐妹和父母为主(占亲友的65.5%)，其他近亲也占亲友的16.2%。同样地，债权的主要对象也是亲戚(占大约60%)。这说明血缘关系作为履行义务的天然保证,仍然是农户主要的财务支持网络。亲友之间资金往来金额的高低,与收入水平高度正相关,说明无论是向亲友借钱还是借钱给亲友,均需要经济地位作为支撑。借钱给亲友较多或者从亲友那里借钱较多的农户,都积极走亲访友,维系各种社会资本网络;尤其是借钱给亲友的家庭,对维护社会资本网络格外积极。在亲友那里借钱的农户,反而表现出在社会资本方面的物质投入较少,或许是因为其目前缺乏资金,所以减少了物质投入,而以其他形式(情感或未来的潜在回报或本书没有考虑到的其他方式)替代;又或许是多年前曾有较多的社会资本投入,而没有在我们的调查范围之内。毕竟社会资本的投资和回报周期往往是很长的,投资和回报的形式也多种多样,而调查受限于许多因素,故而没有容纳进来。但是有一点基本可以确定,那就是,社会资本的投入和使用在方向上是一致的,对社会资本的投入越多,对其使用也越多。

第四章
象征性社会资本与农户经济行为

象征性或仪式性社会资本网络是指农民遵循习俗和惯例传承下来的,在年节、红白喜事等各种仪式性场合交往和互动的网络。这种网络并不表现为资源的交换,而主要表现为血缘、亲缘和地缘网络的成员在人情礼物交换及仪式的共同参与中,对彼此身份的认可和强化。林南指出,"社会关系可以强化身份和认同感。确信和认识到自己是一个有价值的个体,是一个共享相似的利益和资源的社会群体的成员,不仅为个人提供了情感支持,而且为个人某些资源权利的要求提供了公共承认"①。人类的所有行动主要出自两个动机——保护既有的资源和获得额外的资源,并且前者比后者更为重要②。积极参与社区的仪式性活动,首先具有保护自己在社区的既有地位和资源的功能;除此之外,也为将来从社区网络中获得其他资源提供了资格。在农村,红白喜事及寿宴、满月酒等大事件操办得是否顺利和体面,族人和乡邻是否都来捧场和帮忙,关系到这个家庭的面子和声誉,换句话说,关系到这个家庭是否被网络中的成员广泛认可和赞同。网络中的成员如果不去参加亲戚邻居的仪式,就会逐渐被其他成员排斥,逐渐失去动用该网络社会资源的权利。由于未来充满不确定性,以及这种仪式网络的封闭性和熟人性特征,网络中的成员家庭即使不能确定将来是否用得着这些社会资本,也很少有人敢冒失去这

① 林南. 社会资本——关于社会结构与行动的与理论[M]. 张磊,译. 上海:上海人民出版社,2005:19-20.

② 同上书:31.

些社会资本的风险或愿意丢这个脸面，从而放弃在这些仪式场合与成员的交往。

祝寿、生子满月和考学等事件在各个地方的重要性不同，尤其是当大多数年轻人外出务工、人们寿命延长和考学变得日益平常后，许多地方兴办寿宴和庆祝考学、生子的现象越来越少了。唯独婚嫁和丧事作为每个人人生中的两件大事，在各地仍然得到普遍重视，成为维系村民交往和农村社会资本的重要因素。这些象征性场合是资源交换以外构建社会资本的重要途径，它是通过互助和礼物交换的方式来建立人际联系的网络。“按照送礼的目的，有人把礼物分为工具性的和表达性的两种，工具性礼物是指为了达到某种功利目的而馈赠的礼物，是为了交换利益或服务而馈赠，受礼者一般要通过实施其特权为送礼者提供服务作为回报，反映的是一种短期的人际关系操作；而表达性礼物馈赠是以交换本身为目的并反映出馈赠者和收受者之间的长期关系”①。现实中很少有纯粹工具性的或表达性的礼物，礼物往往同时具有表达性和工具性的功能，只是在不同情景下各有侧重。

第一节 婚丧互助网络

婚丧嫁娶场合的人情往来一般属于表达性礼物。作为同一村庄共同体的成员，谁都不知道什么时候就会需要别人的帮助，因此，在仪式庆典上互相帮忙和送礼是一种社会义务。这种社会义务和社会联系就形成了村庄内部的社会资本。成员之间通过反复的联系和交换，强化了相互的认可和边界，得以确认村庄社会资本的总体以及拥有资格的成员。本研

① 奂平清．农村社区社会资本状况研究——西北弓村实地研究[D]．兰州：西北师范大学硕士论文，2002：32.

究调查的326个有效样本中，只有3户（占0.9%）因为太忙或者年纪大而不会在村邻的婚丧仪式上帮忙。除了极少数家庭由于常年举家在外打工，没有参加村邻的婚丧仪式外，其余都回答“只要通知了”、“只要办酒了”，“都会去”参加。因为举行典礼的家庭会提前告知亲戚邻居，大家也会口口相传，如果在家而不参加的话，会被邻居们看不起，将来自家有事的时候别人也不会来。虽然现在红白喜事一条龙的服务在各地农村都有兴起，一些比较前卫或者认为相互帮忙太麻烦的人家，也开始接受这种新兴的专业化服务形式，但是目前这种专业化服务还只能在一些经济比较发达的城市郊区普及。目前，在大多数农村地区，多数农民仍然觉得那是最后迫不得已的选择，因为它会使得自家和亲戚邻居的关系变得疏离，将来什么事情都不好开口叫人帮忙。

不过，随着年轻人在城市里工作和生活的时间越来越长，留在农村的人越来越少，传统的婚丧仪式及其相应的互助网络也会受到挑战。我们调查的人员以中老年为主，41岁以上的占81.7%，他们目前是农村的主体，但是随着他们逐渐老去，习惯了城市工作和生活方式的年轻人将会替代他们当家作主，而这些人已经不再像老一辈那样不怕麻烦，并且会逐渐喜欢上城里人的红白喜事风俗。调查中已经发现有的年轻人不在乡下办喜事了。在大足县高升镇调查时，则听到村干部及其家属们热烈的谈论红白喜事一条龙的火热状况。此外，务工工资的上涨使得农民闲暇的机会成本提高，无偿帮忙的成本也相应上升；并且，自家操办宴席需要准备相当多的桌椅碗碟等物品，这些物品要许多年才能派上一次用场，如果交给专业的服务队伍，那么所有的这些麻烦都可以省去。因此，婚丧仪式的互助行为及其网络，必然会在各种因素的综合作用下发生变化，其效率低下的部分将逐渐被高效率的市场机制所取代。至于替代到什么程度，以及替代哪些内容，自然是由各种力量的竞争来决定。

第二节　年节和生日互访网络

过年过节相互拜访亲友是农村地区塑造和维系社会资本的另外一个重要渠道。尤其是在绝大多数青壮年外出打工的背景下,平常乡里只剩下老弱妇孺。目前的趋势是连中年妇女也越来越多的外出务工。我在重庆一个建筑工地采访的23名建筑工人中,一半以上是携妻同行,并且大多数此前从未外出打工的中年妇女从2008年起也开始随夫务工。工地上其余的建筑工人也大部分是这种情况。一方面,大多数农户都把家里的农活交给老人粗放经营或者放弃经营;另一方面,现在民工稀缺,中年妇女也能很容易找到工作,夫妻长期两地分居毕竟不是长久之计,如果能跟随丈夫挣得一份工资,何乐而不为呢?所以妇女们纷纷外出务工。因此,现在唯一能让村民们齐聚一堂的日子,大概只剩下了春节,这就使得春节的互访显得格外重要。

表4－1表明,过年最主要的互访网络是亲缘和血缘关系,其次是地缘关系,此外,业缘等关系也有少量发生。拜访对象排前列的是双方的兄弟姐妹、岳父母、其他亲戚和男方父母。女方的娘家至亲,尤其岳父母和女方兄弟姐妹是必去拜访的。其次是男方不同住的父母、男方母亲的娘家至亲、男方外嫁的姐妹、出嫁的女儿,如果没有特殊情况,一般也是必去的。第三才是男方的叔伯、兄弟。之所以这一类排在女方亲戚之后,是由于他们与本家庭共处一域,平常就有交流,来往也方便。表中的"其他亲戚"主要是指父母、子女及兄弟姐妹以外的亲戚,一般限于本家庭中尚在世成员的同辈和上溯一代的至亲。走访的时候如果亲戚太多忙不过来,往往一家人会分散行动,由各自成员及其配偶负责拜访双方的至亲。表中拜访这几类至亲之所以不是百分之百的比例,是因为有的岳父母或其他长辈亲戚已经去世,或女方兄弟姐妹尚在年幼;凡是成人且在世的,一般会按照前述原则拜访。邻居也是重要的交往对象,29.6%的家庭在春节会拜访邻居。有16户家庭拜访干部,其中6户同时拜访乡镇干部和村干部。拜访各种朋友(一起长大的朋友、生意场上的朋友等)的家庭有35

户,占10.9%。拜访同学、工友、战友和师傅的合计有26户(其中5户是同时拜访工友和同学或者工友和战友)。此外,各有1户拜访子女的老师、军烈属及伤残军人,后者是干部家庭,拜访军烈属和伤残军人是其政治任务。不走亲戚的也有5户,主要是年龄较大的家庭,还有2户连续几年举家在外打工的家庭。岳父母、父母、姑、叔伯、姨舅等长辈不一定回访,即使回访也不一定送礼或者仅仅送象征性的礼物。其他人一般会回访,除了上述长辈回访比例较小之外,其他回访网络与本家拜访的网络几乎完全一致。

表4-1　年节互访网络(户,%)

互访网络	过年您拜访(N=321)		过年拜访您(N=321)		过节您拜访(N=127)		过节拜访您(N=115)	
	①频率	百分比=①/321	②频率	百分比=②/321	③频率	百分比=③/127	④频率	百分比=④/115
男方兄弟姐妹	223	69.5	223	69.5	61	48.0	66	57.4
女方兄弟姐妹	210	65.4	210	65.4	57	44.9	58	50.4
岳父母	182	56.7	94	29.3	84	66.1	29	25.2
其他亲戚	209	65.1	175	54.5	35	27.6	35	30.4
男方父母	130	40.5	66	20.6	57	44.9	19	16.5
邻居	95	29.6	92	28.7	12	9.4	10	8.7
子女	56	17.4	95	29.6	11	8.7	49	42.6
朋友	35	10.9	35	10.9	3	2.4	8	7.0
乡镇干部	14	4.4	13	4.0	—	—	8	7.0
同学	13	4.0	13	4.0	3	2.4	3	2.6
工友	11	3.4	11	3.4	1	0.8	1	0.9
村干部	8	2.5	11	3.4	—	—	4	3.5
战友	5	1.6	5	1.6	1	0.8	1	0.9
师傅	2	0.6	2	0.6	1	0.8	—	—
子女老师	1	0.3	—	—	—	—	—	—
军烈属/伤残军人	1	0.3	—	—	—	——	—	—
不走亲戚	5	1.6	2	0.6		—	—	—

表4－1中的过节是指中秋节和端午节，这两个节日是农村除春节以外最重要的节日。过节走动的亲戚明显比过年走动的少很多，拜访别人的有127个家庭，被别人拜访的仅115个家庭，均不足过年的40%。在过节拜访亲友的127个家庭中，拜访岳父母的比例较高，占66.1%；其次是男方的父母和男女双方的兄弟姐妹，拜访这些网络的家庭均在60户左右，大约占50%。在外务工的年轻人拜访岳父母及女方兄弟姐妹的责任，往往由其在家的父母代为承担。这两个节日里，父母和岳父母的回访比过年更少。

过生日拜访的主要对象与过节很相似，也是双方父母和兄弟姐妹这类至亲，然后是其他亲戚，这里主要是指其他近亲长辈。与邻居之间的互访，过节占9%左右（见表4－1），过生日则达到11%～21%（见表4－2）。后者之所以高于前者，是由于操办生日一般要提前告知亲友邻居，被通知者一般都会参加。同学、战友、工友这些后天获致的网络，在生日和节日这些重要的日子里，地位同样很弱。师傅在早些年地位很高，徒弟不可能不给师傅过生日和节日，近些年由于农民都以非农就业为主，由工厂和培训班传授技术，很少需要在民间拜师学艺，因此，师傅慢慢失去了存在的必要。

表4－2　生日互访网络

网络分类	过生您拜访（N＝125）		过生拜访您（N＝84）	
	①频率	百分比＝①/125	②频率	百分比＝②/84
自己父母	65	52.0	21	25.0
岳父母	85	68.0	22	26.2
男方兄弟姐妹	50	40.0	52	61.9
女方兄弟姐妹	44	35.2	55	65.5
其他亲戚	23	18.4	33	39.3
子女	16	12.8	44	52.4
邻居	14	11.2	18	21.4
战友	2	1.6	1	1.2
同学	1	0.8	0	0.0

续表

网络分类	过生您拜访(N=125)		过生拜访您(N=84)	
	①频率	百分比=①/125	②频率	百分比=②/84
工友	1	0.8	0	0.0
村干部	6	4.8	4	4.8
乡镇干部	2	1.6	4	4.8

对过年互访的网络进行分类合并,分为亲戚、邻居、朋友、干部、军烈属5类及其组合。这里把生意朋友、同事、工友、同学、战友等后天获致的关系一律归入"朋友",把各种血缘和亲缘关系归入"亲戚",地缘关系则归入"邻居"。结果显示(见表4-3),97.8%的家庭过年要拜访亲戚。其中,只拜访亲戚的有174户,占54.2%,位列第一;拜访"亲戚+邻居"的有69户,占21.5%;拜访"亲戚+朋友"的39户,占12.1%。此外,拜访"亲戚+邻居+朋友"、"亲戚+邻居+干部"和"亲戚+干部"的各有少量。有5户人家过年不拜访任何人;还有2户只拜访邻居或干部。回访网络与自家拜访网络大致相当。

表4-3 过年互访网络组合

网络分类	过年您拜访			过年拜访您		
	频率	百分比	累积百分比	频率	百分比	累积百分比
亲戚	174	54.2	54.2	176	54.8	54.8
亲戚+邻居	69	21.5	75.7	69	21.5	76.3
亲戚+朋友	39	12.1	87.8	41	12.8	89.1
亲戚+邻居+朋友	16	5.0	92.8	12	3.8	92.9
亲戚+邻居+干部	9	2.8	95.6	8	2.5	95.4
亲戚+干部	5	1.6	97.2	9	2.8	98.2
无	5	1.6	98.8	2	0.6	98.8
亲戚+朋友+干部	1	0.3	99.1	0	0.0	98.8
亲戚+军烈属和伤残军人	1	0.3	99.4	0	0.0	98.8
邻居	1	0.3	99.7	3	0.9	99.7
干部	1	0.3	100.0	1	0.3	100.0
合计(户,百分比)	321	100.0		321	100.0	

按普通的分类标准对网络进行重新分类，分为兄弟姐妹、子女、父母、姑姑、叔伯、侄子女、邻居、同学、工友、战友、师徒等详细类型，并计算每个家庭重要日子互访的网络数量。表4-4的统计结果显示，过年互动的网络数量明显超过节日和生日。其中，过年互访网络有2~3种的家庭最多，合计达152户，占47.4%，主要是拜访父母及兄弟姐妹；其次是有4~5种的家庭，合计100户，占31.2%；有6种以上网络的家庭51户，占15.9%；只有1种的家庭很少。过节日和生日互动网络数量最多的均是2种，各占34.6%和38.1%；其次是1种，各占26.7%和29.4%；7种以上的互动网络数量均为0。实际上，我们从前述过年、过节和过生的网络类型比较可以看出，朋友、同学等获致性的弱关系主要在过年才相互拜访。

表4-4 年节及生日互访网络数量

互访网络数量	过年		过节		过生日	
	频率	百分比	频率	百分比	频率	百分比
1	18	5.6	34	26.7	37	29.4
2	75	23.4	44	34.6	48	38.1
3	77	24.0	20	15.7	13	10.3
4	58	18.1	9	7.1	10	7.9
5	42	13.1	12	9.5	11	8.7
6	31	9.7	8	6.3	7	5.6
7	11	3.4	—	—	—	—
8	9	2.8	—	—	—	—
合计	321	100.0	127	100.0	126	100.0

第三节 人情往来的互惠规范

收礼者要设专人以礼单的形式记载客人送来的礼物，作为以后还情的依据。绝大多数人会遵循“礼尚往来”的规则。321 户有效样本中，61.1%的人回答没有遇到过不回礼的情况，但是遇到过不回礼的仍占了38.9%。不过，不回礼的原因有多种多样。答卷人回答对方不回礼的原因中，“未通知对方”、“有事”和“没人在家” 分别占 22.8%、21.1%和18.7%，合计达62.6%，也就是说，大多数人不是故意不回礼的。“不懂规矩”和“其他”(答卷人不清楚的原因)原因分别占 16.3%和 17.1%(见表4-5)，这两项可以合并为对方无故不回礼。还有 4.1%是因为对方没有钱回礼，毕竟还存在一些确实非常贫困的农民家庭。

表4-5 对方不回礼的原因

对方不回礼的原因	未通知对方	有事	没人在家	不懂礼尚往来规矩	没钱	其他	合计
频率	28	26	23	20	5	21	123
百分比	22.8	21.1	18.7	16.3	4.1	17.1	100.0

如果遇到无故不回礼会有什么感受和反应呢？47.9%的人会想“算了，不计较”；25.5%的人认为对方一定遇到特殊情况；15.4%的人会觉得对方不值得交往，下次对方有事自己也不去了；还有 11.2%的人心里虽然会有想法，但是面子上又不好说什么(见表4-6)。总之，这些仪式性的礼物交换和互助，不仅具有大事相互支持的工具性功能，同时也维系着村民之间的交往规范，如果不遵守这些规范，就没有资格拥有亲友邻居网络组成的社会资本。

表4-6 遇到无故不回礼的感受

感受	算了	对方有特殊情况	下次不去他家	面子上不好说	合计
频率	90	48	29	21	188
百分比	47.9	25.5	15.4	11.2	100.0

虽然在整个交往的周期中，村民的人情往来理论上应该保持均衡（扣除掉物价上涨的因素），但实际上这种均衡并不是绝对的。本研究调查了近5年来的年均人情收支差额，发现人情收入总体上低于人情支出。其中，人情收入均值2631元，人情开支均值3467元，整体上收不抵支均值为831元（见表4－7）。

表4－7　近5年人情收支（户，元）

	近5年年均人情开支	近5年年均人情收入	人情收支差额
有效样本	319	294	294
均值	3467	2631	－831
标准差	3560	4084	3649
极小值	0	0	－30000
极大值	30000	40000	32000

由于均值有可能抹平实际上的差距，因此，再进行分组统计。表4－8显示，人情收入为0元的户有43户，占14.6%，他们是家里既没有婚丧嫁娶等大事件发生，也没有兴办生日，作为年轻的晚辈，逢年过节也不会收到礼物，只有向长辈的单方向孝敬。但是没有人情支出的仅2户（0.6%），这2户都是只有两个老人，过年节晚辈会来单方向看望的家庭。人情收入主要在[1000，3000）元之间，占35.7%；其次是小于1000元的，占19.7%；在5000元以上的也达到16.6%。人情开支的分布相对较为集中，[1000，3000）元之间占41.4%，与人情收入相对应并超过人情收入在这个区间的分布比例；在5000元以上的占到24.1%。收支刚好平衡的有53户，占18.0%；收支差额主要集中在[－1000，－10000）元之间，占44.6%。收入超过支出的有63户，占21.4%；收不抵支是最主要的情况，有178户，占59.9%。

表4－8　人情收入、支出与差额分组统计

分组（元）	人情收入		人情开支		收支差额		
	频率（户）	百分比	频率（户）	百分比	收入－支出（元）	频率（户）	百分比
0	43	14.6	2	0.6	＞＝10000	3	1.0
（0，1000）	58	19.7	37	11.6	[1000，10000）	32	10.9

续表

分组(元)	人情收入		人情开支		收支差额		
	频率(户)	百分比	频率(户)	百分比	收入-支出(元)	频率(户)	百分比
[1000,3000)	105	35.7	132	41.4	(0,1000)	28	9.5
[3000,5000)	39	13.3	71	22.3	0	53	18.0
[5000,10000)	33	11.2	54	16.9	(0,-1000)	45	15.3
>=10000	16	5.4	23	7.2	[-1000,-10000)	131	44.6
合计	294	100.0	319	100.0	<=-10000	2	0.7
					合计	294	100.0

既然礼物交换讲求对等互惠的原则,为什么会有这么大的缺口呢?本书分析缺口的形成主要有四个原因:一是大事件发生的周期很长。就算每次事件都请客摆酒,从结婚开始算起,到生子满月,按法定年龄要20年以上;实际上随着年轻人打工在外,晚婚晚育越来越普遍,这个周期还要更长。到过世的周期就更长,而且现在的人均寿命持续延长,周期也相应延长。二是每个家庭的人口数量不同,发生婚丧等各种事情的次数不等。三是现在的人口流动性很大,有的家庭会在某段时间甚至连续几年举家外出,这期间就不会参加村邻的任何仪式庆典。四是由于办酒席招待宾客的标准越来越高,与礼物相抵后,不见得能有剩余,还不胜其扰,所以有的家庭不愿意再操办,这部分导致的人情收支差额可以说是被送礼的人们自己吃喝所致。这些原因导致的人情差额及各自宴席标准的差距,都是维护人际关系和此类社会资本的成本。

第四节　对走亲访友及互助的态度

从上面的表4-8可以看到,现今农村人情往来的年金额虽然在3000元以下的占多数,但是开支超过3000元的已经接近一半(46.4%),超过1万元的也不在少数(23户,7.2%)。这对收入水平尚不高的农民来说，是不是一项沉重的负担呢？随着招待宾客的标准和劳动力成本均越来越高，以及人口流动性更大、生死的周期更长、家庭之间的分化更大，这一系列变化都将导致人情负担越来越重。那么，村民是如何看待这种人情往来的呢？

表4－9显示，虽然人情开支金额不小，收不抵支的情况也不少见，并且收回投资没有绝对保证，招待宾客又多烦扰，但是对于走亲访友是否有必要，仍然有60.7%的人毫不犹豫地回答“必须的”，“亲戚不走不亲”，“不走就没有意思了”。也有15.4%的人感觉到人情往来确实是一笔不小的负担，尤其是那些孩子尚幼的年轻人，只有往外出的礼，几乎没有进的份，有时候每月都有多次人情要送，实在是不堪重负。回答“没有想过”的人也不少，占14.5%。对他们来说，互惠互助就是一种风俗习惯，祖祖辈辈都是这样走的，从来没有想过为什么要走，该不该走。还有6.9%的人认为，有些场合是必须要走的，但是有些确实没有必要。在湖北丹江口土台村调查时，一位村干部诉说该地区有一段时间兴起了操办酒席热，不管年轻人、老年人过生日都办酒，既干扰生产生活，又增加不小的经济负担，以至于大家都议论纷纷，表示不满。于是，村干部在此民意基础上加以引导，慢慢减少了办酒的场合，年轻人过生日一般不再兴办，老年人也多在70岁以上才兴办。

表4－9　对走亲访友的看法

对走亲访友的看法	频率（人）	百分比	累积百分比
必须的，增进亲友感情	193	60.7	60.7
虽然增进亲友感情，但却是一笔负担	49	15.4	76.1
有些没有必要	22	6.9	83.0
没想过	46	14.5	97.5
其他	8	2.5	100.0
合计	318	100.0	

乡邻之间的各种互助[1]，农民又是如何看待的呢？48.3%的人认为乡邻互助是划算的。因为许多农活小且杂、难以计算，而且无论多小的活，只要雇人来做，都得算半个工。现今多数家庭留守农村的人口极为稀少，一般每户在3人以下，甚至有的家庭只有一个老人在家，有时候遇到走亲戚，家里养的猪就无人饲喂，需要邻居“搭把手”帮个忙。再说，邻里乡亲过于算计会被人耻笑。29.7%的人回答说互助是因为“习惯”，从来都是这样相互帮忙的。21.4%的人说自己从来没有想过划算不划算的问题。（见表4-10）“习惯”与“没想过”可以归为一类，大抵都属于习惯成自然的情况。

表4-10　乡邻互助是否划算

乡邻互助是否划算	频率	百分比	累积百分比
是	156	48.3	48.3
不划算	2	0.6	48.9
习惯	96	29.7	78.6
没想过	69	21.4	100.0
合计	323	100.0	

祖辈传承下来的做法，在与现实不相冲突的时候，大概是不需要去思考为什么的。只有当分工进一步深化，劳动力稀缺到使得留守农村的非标准劳动力都有很多非农就业机会的时候；或者当物价进一步上涨，半天工资远低于一餐或两餐饭的价钱的时候，农民才会权衡是雇工合算还是帮忙合算。情感性目的与工具性目的的权衡，会衍生出丰富的社会资本组合形式。到那时，互助的功能也许又会发生改变，农村社会将进一步分层，互助的网络也会进一步分化，维系社会资本的方式和规范会在各个相似群体内部重新孕育。如果分化出足够多的群体，那么在群体之间也会根据实际需要发展出“桥梁”和“纽带”，形成各种各样的弱关系。

① 这里的互助与三章的换工不同，换工局限于有一定规模的强度较大的体力活，而互助主要指生产和生活中的小事和杂活。

第五节 小 结

仪式性场合的交往和互助，是几千年来形成的非正式制度，它对形成社区的共识、保持社区的记忆和团结起着重要的作用。随着工业化吸走了绝大部分的农村精英，乡村社会逐渐空洞化，此时，各种象征性（仪式性）的网络成了农村的重要社会资本。如果说过年的互访网络主要是以血缘和亲缘为主、地缘和其他关系为辅的网络，那么婚丧互助网络则是以地缘为主、血缘和亲缘为辅的网络。象征性网络的互动不仅强化了村民之间的情感认同和地位认可，同时，这种交往本身就是乡村生活的意义所在。调查发现，留在农村的家庭100%会参加亲戚邻居的婚丧仪式，其中99%会去帮忙操办；99%的农户在过年的时候会走亲访友，剩下的1%虽然自己不会主动拜访别人，但是会有晚辈来登门拜访。此外，端午节和中秋节作为重要的传统节日，大多数农户会拜访岳父母和兄弟姐妹，少数人还会拜访其他的亲友和邻居。相比之下，这些节日以及生日互访的规模远远小于过年拜访的网络规模。总的说来，婚丧和过年拜访的网络已成为农村最重要的社会资本，而这两种仪式也已成为维系农村社会资本的最重要场合。

目前，象征性网络的维持仍然以习俗为主要支持力量，大多数人没有仔细思量过为什么要维持这些网络，也没有想过付出的成本和收回的利益之间能否平衡，而只是“习惯成自然”的活动。但是，传统不是永恒不变的，现实世界的各种变化也必然会反射到习俗和惯例中来，成本和收益的对比往往不需要农民有意识地进行算计，他们在日常生活当中就能够越来越深切地感受到。首先是劳动力日益稀缺，劳动工资率快速上升，走亲访友要耗费大量时间，这对上班族来说是很大的代价；其次，人情往来金额逐渐攀升，招待宾客的开销越来越大，由于各个家庭人口、闲暇和其他许多情况的不同，很难保证收回成本；第三，现代社会商品化和货币化迅速普及，农户在生产生活上对亲友的依赖越来越少，经济上日益独立。这些都是传统社会资本的消减力量。

第五章 其他社会资本与农户经济行为

由于情感性网络、参与性网络等社会资本类型还没有真正发育，它们融合在家庭和朋友等各种已有社会资本网络当中。因此，本章把情感性、自愿参与性等网络与家族和家庭社会资本放在一起进行实证考察。

第一节 商量、解困、情感支持与社交网络

一、重大问题商量网络

在四川和重庆调查了农民遇到重大事情时找谁商量，样本为118户，其中部分问题有缺失值。表5－1显示，只有7.8%的家庭遇到重大事情会与两个以上不同的网络进行商量，其余都只有一种网络。在大事商量网涉及的所有亲属关系中，配偶、子女、父母和兄弟姐妹分别占42.6%、29.7%、19.6%和6.8%，合计达98.7%。可见，这种大事商量网具有规模小和家庭核心成员主导的特征。

张文宏等人于1996—1997年对天津农村居民讨论网的调查研究结论是，“在农村讨论网的亲属关系网中，按关系构成比重依次是配偶(42.9%)、兄弟姐妹(16.5%)、父母(11.8%)和子女(8.8%)”，“这与中国传统家庭关系网络结构的模式大不相同”。他指出，由于“传统中国农

表 5－1　遇重大事情的商量网络（%）

大事商量对象	频率	百分比	亲属组成	提及该亲属的频率	占亲属的比例
家人	76	73.8	配偶	63	42.6
家人＋兄弟姐妹	7	6.8	子女	44	29.7
兄弟姐妹	3	2.9	父母	29	19.6
侄子女	1	1.0	兄弟姐妹	10	6.8
家人＋亲朋	1	1.0	侄子女	1	0.7
自己做主	14	13.6	其他亲友	1	0.7
干部	1	1.0	合计	148	100.0
合计	103	100.0			

民崇尚孝道、维护大家庭中家长权威的传统观念”，“不仅家庭中的大事，甚至自己的重要问题都要首先征求父母的意见。因此，以血缘为纽带的纵向的亲子关系不仅重于以婚姻为基础的配偶关系，而且前者支配后者”，而“在本次调查中，配偶关系不仅上升到社会网构成的第一位，而且其在讨论网关系构成中超出其他关系的比重值非常明显”，这是“一个尤其应该引起注意的重要发现”①。张文宏研究结论中配偶的比例与本研究非常接近，不过子女、父母和兄弟姐妹的重要性排序却恰恰相反。本研究的结论表现出大事讨论网进一步向核心家庭转变。

不过，林聚任等人的研究结果却与本研究差异较大。他们发现，农民讨论网中排列前三位的依次为兄妹（18.2%）、父母（14.8%）和亲戚（13.0%），配偶在12种关系中名列最后，只占0.4%②。仍然表现出传统的亲子关系支配配偶关系的格局。由于张文宏等人的研究时间在林聚任之前，因此基本可以排除时间因素带来的影响。如果可以排除调查技术本身造成的差异，那么几乎可以判断是由于地域差异导致的结果。那就是山东作为孔孟之乡，对传统的“父为子纲、夫为妻纲”的伦理道德关系保存得比其他地方要好。

① 张文宏，阮丹青，潘允康．天津农村居民的社会网[J]．社会学研究，1999(2)：108－118.

② 林聚任，等．社会信任和社会资本重建——当前乡村社会关系研究[M]．济南：山东人民出版社，2007：126.

二、情感、解困和社交网络

情感支持、解困和社交网络的调查对象是重庆某建筑工地的23个农民工和在成都从业的11位农民身份的白领。从表5-2中看到，配偶/恋人(44.1%)在情感支持中是最重要的，是个体遇到烦心事时倾诉的主要对象。很显然，亲密的共同生活有助于心理上的认同和情感宣泄。其次是亲戚(20.6%)，主要是指一起长大的兄弟姐妹、表兄弟、堂兄弟等近亲关系。有11.8%的人心烦的时候没有任何倾诉对象，他们全是建筑工人，而那些白领都会有倾诉的地方。虽然样本小，但是也能看出一些端倪，即白领有更丰富的社会资本网络。

本研究设计的解困网络不包括配偶和恋人，而是针对家庭以外的关系。这里的解困是指遇到困难情况的时候向谁求助，比如急需筹集资金、老板不给工钱和其他麻烦事。排列第一位的依然是亲戚，占64.7%；朋友的比例也达到了23.5%，尤其是对于资金以外的麻烦事，往往更倾向于找朋友帮忙。

表5-2 情感支持、解困和社交网络(人，%)

倾诉对象	频率	百分比	解困网络	频率	百分比	日常交往	频率	百分比
配偶/恋人	15	44.1	亲戚	22	64.7	朋友	18	75.0
亲戚	7	20.6	朋友	8	23.5	亲戚	6	25.0
无	4	11.8	政府	2	5.9			
同学	3	8.8	同学	1	2.9			
朋友	2	5.9	同事	1	2.9			
同事	1	2.9						
队长	1	2.9						
打游戏	1	2.9						
合计	34	100.0	合计	34	100.0	合计	24	100.0

日常交往的网络与倾诉和解困网络截然不同，朋友是最主要的交往对象，占75%(见表5-2)，远远超过倾诉和解困网络中朋友的比例。这种矛盾现象说明，真正解决重要问题的关系往往不是日常交往的关系，而

是有着血缘关系和天然情感与义务的至亲网络。从这一点来讲，中国人的信任仍然是特殊主义的信任，因为只有这种特殊关系才能保证重要利益不被损害，才能抑制人类的投机行为。科尔曼指出，亲属网络的封闭性，有利于保证规范的维持和信任的巩固。以血缘关系为纽带联结起来的亲属之间，存在一种天然的信任和义务，为实现家庭成员彼此的期望提供了某种约束和保证。这个发现也表明各种社会资本网络具有不同的功能。日常社交网络往往是在居住社区、年龄、职业和兴趣爱好等方面具有相似特征的群体，这种交往主要是出于娱乐消遣、价值观分享和情感交流等原因，由于不具有终端封闭的特征，难以保证网络成员之间的高度信任和互惠规范的遵守。

调查还发现，建筑工人的交往网络主要以同工种为主，同工种又以同乡为主。但是反过来并不成立，即同乡并不等于同工种，所以同乡之间并不一定会交往。比如我调查的重庆某工地，钢筋工来自重庆 A 区，电工也来自 A 区，木工来自临近的四川省 B 县的 C 乡镇，砖工来自 B 县的 D 乡镇。尽管同来自 B 县的木工和砖工住在同一个大房间里，来自 A 区的钢筋工住楼上和相邻楼房的另一个大房间里，但是各工种只在内部交往，工种之间几乎没有多少往来。并且，由于建筑工人流动性极大，他们与城市居民几乎没有联系。这种以业缘为主的社会网络具有明显的专业性特征，有利于他们的专业交流和互助，但是职业对社会网的限制也很不利于他们网络的扩展。此类建立在地缘基础上的业缘关系已经形成了一种路径依赖，而路径依赖的形成是利用规模经济节约成本的结果，用工双方都可以从固定的职业网络中减少信息搜寻成本、工具成本（建筑工人需要自己准备一些生产工具）、来往的路费和管理成本。可以设想，全国各地正在形成各种职业划分区域。

第二节　自愿参与型网络

以普特南为代表的许多学者认为,公民自愿性参与组织是社会资本的重要来源和表现。中国历来缺乏自愿参与的团体,但是有一些类似的团体,如合作社、专业协会等,大部分具有半官方性质,也有些是完全自愿的性质。此外,老年协会在老年群体当中得到较快发展。大部分农民没有参加任何组织或社团,他们有自己消遣闲暇的方式。为了了解农民自愿参与的网络,本研究调查了他们参与社团和其他闲暇活动的情况。

一、参加合作社与专业协会情况

表 5－3 显示,265 人回答本村没有合作社,占 81%;只有 18 户参加了合作社,占 5.4%,主要是参加生产和营销类合作社。回答没有合作社的样本中,实际上部分样本所在村是有合作社的,但是该农民并不知道,可见他们不关心合作社这样的组织,以及合作社的宣传也很不够,也有可能他们彼此互不需要。49 人回答本村有专业技术协会,有 34 人参加了各种专业技术协会,占 16.7%。

表 5－3　合作社与专业技术协会存在及参加情况(%)

	是否有合作社		是否参加合作社		是否有专业技术协会		是否参加专业技术协会	
	频率	百分比	频率	百分比	频率	百分比	频率	百分比
否	265	81.0	315	94.6	151	75.5	169	83.3
是	62	19.0	18	5.4	49	24.5	34	16.7
合计	327	100.0	333	100.0	200	100.0	203	100.0

我国在 20 世纪 30 年代的国民党时期就曾经大张旗鼓地倡导合作社运动,后来又经历了新中国成立初期的互助社和强制性质的高级社、人民公社,再到 80 年代合作社的消退、90 年代合作社的活跃,直至 2006 年《专业合作社法》的颁布和国家各部委的大力支持,无论政府如何大力推行,始终没有出现合作社的繁荣之势。农民为什么不加入合作社? 回答

本村有合作社的农民只有62人，其中41人回答了加入合作社的障碍。认为“麻烦”和“没有用处”的并列第一，其次是因为“要交钱”、“达不到入社条件”、“要出力”（见表5－4）。总的说来，是因为农业收入在农户家庭收入结构中地位较低，除了少数农业专业性生产较强的区域，大多数农民认为农业生产并不能让他们致富，所以只需要按照习惯的方式进行生产即可，没有用心经营的需求，因而认为合作社组织没有什么用处。

表5－4　参加合作社的障碍（%）

障碍	频率	百分比	累积百分比
麻烦	13	31.7	31.7
没有用处	13	31.7	63.4
要交钱	7	17.1	80.5
达不到入社条件	5	12.2	92.7
要出力	3	7.3	100.0
合计	41	100.0	

实际上，无论农户目前是否重视农业，有没有努力改变农业生产的组织方式的需要，农业生产都不可能一直保持简单的传统耕作方式，专业化分工是大势所趋。全国各地已经出现了许多新型的农村职业，农业生产的各个环节，包括耕地、播种育秧、施肥打药、收割烘干、加工和销售，以及农民生活和农村管理等各个方面，都在逐渐形成专业化的队伍。这些专业化的人群需要专门的社会资本网络来进行专业性的交流和互助。从国外农业发展的趋势来看，农村中的专业型组织，或者说专业型社会资本网络，是社会资本发展的一个重要方向。

二、参加的社团、活动及其分析

（一）参加的民间社团

民间社团是社会资本的重要来源渠道，人们日常生活中的交往也维系着社会资本的存在和运转。表5－5统计了调查对象参加社团的种类。327个有效样本中，只有29户参加了民间社团，占8.9%。参加最多的是老年协会,占各种社团的79.3%,主要集中在成都郊区的新都县和双流县。绝大多数农户对社团或民间组织非常陌生,需要调查者反复举例解释才能明白,更谈不上参加。这也是中国农村社会资本与西方社会资本的一个主要区别。

表5-5　参加的社团种类(%)

何种社团	频率	百分比	累积百分比
老年协会	23	79.3	79.3
技术培训	3	10.3	89.6
经济发展	2	6.9	96.6
文艺协会	1	3.4	100.0
合计	29	100.0	

韦伯等人从宗教的角度分析了中国社会缺乏社团和各种自治组织的原因,其他人则从集权的角度讨论自治组织缺乏的原因。为了与村民自治相区别,我们这里不使用自治组织这个概念。尽管韦伯等人的理论都有其合理性,但是对我们来说,关键的问题是要明白社团对目前的农民和农村社会有什么意义,以及农民对社团是否有需求、有何种需求。许多人认为中国的农民受限于其相对独立的生产方式和落后的生产条件及思想意识,天生具有狭隘性,自主参与意识薄弱。如果说这种观点也许在传统的农村社会里还有一定道理的话,那么,随着农村社会生产方式和生活方式的变迁,以及各种权利义务和资源的演变,加上新观念的迅速传递,这样的说法早已经站不住脚了。根据我们的调查,许多农民渴望参与村里的公共事务,尤其希望能够获得有关国家政策的不走样的信息。但是由于"政策执行中激励与监督机制的缺乏",农村政策在执行中极易走样①。有的农民反映,村里选举或确定谁有资格获得贫困补助的时候徇私舞弊的现象很严重,他们想要表达自己的想法,但是没有人听。2009年调查丹江口待迁移民时,许多人甚至激动地围住调查员,想要知道真实的政策

① 谭秋成. 农村政策为什么在执行中容易走样[J]. 中国农村观察,2008(4):2-17.

信息。与此同时,“因为没有给予农民直接表达呼声的渠道,中央政府已很难从农民那里获得信息”[①]。因此,单单从农民与中央政府沟通信息、参与政策的执行和监督的角度来讲,民间组织就大有存在的必要。也许有人会说,已经有村民委员会了,为什么还要民间自治组织呢?众所周知,由于村民委员会的产生和维持主要依赖于政府,与政府事实上是隶属的关系,无法做到真正的独立和自治,所以,农民需要拥有自愿参与的独立组织或社团,以实现农民关注公共事务的意愿和培养他们团结合作的能力,并促使地方政府提高政策执行的效率。

(二)闲暇参与的活动

表5-6显示,254个有效样本中,答卷人回答闲暇时间“喝茶”、“打牌”和“看电视或者什么也不做”的人最多,第一次选择中分别占34.2%、24.8%和28.0%,合计达87.0%;累计选择中分别占20.9%、28.8%和28.5%,合计为68.2%。大部分人的闲暇活动是打牌、喝酒、喝茶和看电视的各种组合。其他学者的研究也发现目前中国农民的闲暇娱乐以打牌和看电视为主。比如李少惠等人2007年在兰州市农村的调查中,对于“你经常参加的娱乐方式”这一问题,选择“看电视”的农民达到66.3%,“打麻将、扑克”位居第二,占12.8%[②]。

表5-6 闲暇活动(N=254)

闲暇活动	第一次选择			累计选择		
	频率	百分比	累积百分比	频率	百分比	累积百分比
打牌	63	24.8	24.8	120	28.8	28.8
看电视/什么也不做	71	28.0	52.8	119	28.5	57.3
喝茶	87	34.2	87.0	87	20.9	68.2
喝酒	15	5.9	92.9	63	15.1	83.3
织毛衣	7	2.7	95.6	8	1.9	85.2
唱歌	3	1.2	96.8	5	1.2	86.4

① 谭秋成.农村政策为什么在执行中容易走样[J].中国农村观察,2008(4):2-17.

② 李少惠,王晓艳.社会资本视角下的农村公共文化建设研究[J].西北师大学报(社会科学版),2009(6):66-70.

续表

闲暇活动	第一次选择			累计选择		
	频率	百分比	累积百分比	频率	百分比	累积百分比
台球				4	1.0	87.4
下棋	1	0.4	97.2	3	0.7	88.1
看书报	2	0.8	98.0	2	0.5	88.6
逛街	2	0.8	98.8	2	0.5	89.1
睡觉	2	0.8	99.6	2	0.5	89.6
上网	1	0.4	100.0	1	0.2	89.8
秧歌舞蹈				1	0.2	100.0
合计	254			417	100.0	

本研究中，闲暇活动只有 1 种的人占大多数，为 55.1%，2 种的占 28.3%，其余占 16.6%（见表 5-7）。闲暇活动的类型和数量都说明，目前人们的交往关系的数量和种类都很少，而且没有建设性。诸如打牌、喝酒、看电视这 3 类比例最大的活动，都属于消极的类型。前两种虽然也在与人交往，但往往导致负面的人际关系，而不会抑制投机主义以及促进人们的合作和信任。尤其是打牌，反而会助长人性的弱点。普特南认为，由于看电视导致人们自娱自乐，从而引起美国人社会资本的下降①。看电视确实减少了人们相互交往的时间和机会，使人变成原子化的个体，不利于信任和合作关系的建立。

表 5-7　闲暇活动的种类数量

活动种类数	频率	百分比	累积百分比
1	140	55.1	55.1
2	72	28.3	83.4
3	35	13.8	97.2
4	7	2.8	100.0
合计	254	100.0	

① 罗伯特·D. 普特南. 独自打保龄球：美国下降的社会资本[J]. 虞大鹏，等，译. 规划师，2002(8)：82-86.

（三）闲暇社会资本的影响因素分析

首先来看闲暇参与活动的数量与个体特征的相关性。答卷人的性别、政治面貌与活动种类的数量多少没有显著的相关性，但是答卷人的年龄、学历和非农时间与活动种类数量分别在0.05和0.001的水平上显著相关，相关系数分别为-0.145、0.139和0.236（见表5-8）。即：年龄越大，则活动类型越少；学历越高或非农时间越长，则活动类型越多。换句话说，年龄与闲暇社会资本成反比，学历和非农时间与闲暇社会资本成正比。

表5-8　活动种类数量与答卷人特征的相关性

		答卷人性别	答卷人年龄	答卷人学历	答卷人政治面貌	答卷人非农时间
活动种类数量	Pearson 相关性	-0.044	-0.145**	0.139**	0.011	0.236***
	显著性（双侧）	0.500	0.026	0.034	0.866	0.000
	N	236	236	232	235	221
答卷人年龄	Pearson 相关性	-0.134**	1	-0.351***	-0.068	-0.254***
	显著性（双侧）	0.012		0.000	0.204	0.000
	N	351	351	345	349	309
答卷人学历	Pearson 相关性	-0.173***	-0.351***	1	-0.152***	0.274***
	显著性（双侧）	0.001	0.000		0.005	0.000
	N	345	345	345	344	304
答卷人非农时间	Pearson 相关性	-0.101*	-0.254***	0.274***	-0.158***	1
	显著性（双侧）	0.076	0.000	0.000	0.005	
	N	309	309	304	309	309

注：*、**、***分别表示在0.1、0.05、0.01的水平（双侧）上显著相关。

再按照个体特征分组统计闲暇参与活动的数量。表5-9显示，56岁以上的人群，只有一种休闲活动的比例最大，均在60%以上。40岁以下人群休闲活动的种类最多，2种以上的大约占60%。小学及以下人群只有1种闲暇活动的比例最大，为58.3%；高中及以上人群只有1种闲暇活动的比例最低，为42.9%。完全不从事非农业活动的人，只有一种闲暇活动的比例是58.1%,1~2种活动的合计达86.3%。非农从业时间半年以内的人,1~2种闲暇活动的比例是86.2%,与不从事非农业活动的人几乎相等。非农就业时间半年以上的人,1~2种闲暇活动的比例是68.8%,明显低于前两个人群。由于本样本中的年龄、学历和非农时间三个因素彼此高度相关(见表5-8),所以这里只能根据相关系数大小来区分各自对活动种类的影响程度。即:非农时间的影响最大(相关系数为0.236,远大于另外两个相关系数),其次是年龄,再次是学历。也许是由于非农业活动能促使人们之间产生联系,而农业活动更容易造就原子化的个体。尤其是现在的技术已经使得小规模农业活动越来越不依赖其他人的帮助,几乎成了独立的生产活动,农民如果不喜欢喝酒打牌这些娱乐,唯一的选择就是看电视或者什么也不做。这种情形非常不利于农村社会资本的积累。

表5-9 分年龄组的闲暇活动种类(频率,百分比)

答卷人分组		活动种类				合计
		1	2	3	4	
年龄组	40岁及以下	19(40.4)	16(34.0)	11(23.4)	1(2.1)	47(100.0)
	41—55岁	50(48.1)	33(31.7)	16(15.4)	5(4.8)	104(100.0)
	56—65岁	39(62.9)	18(29.0)	5(8.1)	0(0.0)	62(100.0)
	66及以上	14(60.9)	5(21.7)	3(13.0)	1(4.3)	23(100.0)
合计		122(51.7)	72(30.5)	35(14.8)	7(3.0)	236(100.0)
学历组	小学及以下	60(58.3)	27(26.2)	14(13.6)	2(1.9)	103(100.0)
	初中	48(47.5)	33(32.7)	16(15.8)	4(4.0)	101(100.0)
	高中及以上	12(42.9)	10(35.7)	5(17.9)	1(3.6)	28(100.0)
合计		120(51.7)	70(30.2)	35(15.1)	7(3.0)	232(100.0)
非农时间组	0月	72(58.1)	35(28.2)	15(12.1)	2(1.6)	124(100.0)
	0.1—5.9月	20(55.6)	11(30.6)	4(11.1)	1(2.8)	36(100.0)
	6月以上	23(37.7)	19(31.1)	15(24.6)	4(6.6)	61(100.0)
合计		115(52.0)	65(29.4)	34(15.4)	7(3.2)	221(100.0)

第三节　家谱、扫墓祭祖与家族社会资本

中国传统农村在儒家文化的主导下，形成了以家族为中心的社会。维系家族团结、巩固家族力量的方式有修家谱、建宗庙祠堂、扫墓祭祖等仪式。通过这些习俗仪式的代代相传，人们知道自己的祖先是谁，也能分清一脉相承的族人与自己的关系，从习俗的演练中获得家族的认同感和归属感，感受到自己不是孤立无援的个体，而是有同胞兄弟在左右，于困难之中能够假以援手。通过祭祀祖先，与先祖心灵相通，相信祖先的神明在天上保佑自己和子孙的福祉，也有助于克服对不确定性的恐惧，获得精神的力量。这些既可以归属于象征（符号/仪式）类社会资本，又可归属于家族社会资本，还可归属于信仰和观念，与崇拜祖先、祭祀神灵有关；它们一方面是规范，另一方面又是规范的表现形式。由于它们是家族和家庭成员才能参加的活动，是维系家族和家庭社会资本的场合，故本书把它们划入家族社会资本中。

一、家谱及其简单分析

家谱是一种以表谱形式记载一个以血缘关系为主体的家族世系繁衍和重要人物事迹的特殊图书体裁。它以记载父系家族世系和人物为中心，是由记载古代帝王诸侯世系和事迹逐渐演变而来的，是中国几千年文明史中最具有平民特色的文献。它具有区分家族成员血缘关系亲疏远近的功能，是我国封建宗法制度在家族管理中的具体表现。家谱的内容包括姓氏起源、世系表、家训等方面。其中，家训在推崇忠孝节义、教导礼义廉耻、规范族人行为等方面起了重要的作用。潘光旦先生认为家谱在历史上有七大作用：尊祖、敬宗、收族或睦族、婚姻严姓氏之防、选择官员、爱重门第、选择婚姻[①]。

（一）家谱及其意义调查结果

表5－10的统计结果显示，330个家庭中，有家谱的家庭仅占37%，

---

① 张笑川．潘光旦的家谱学研究[J]．苏州科技学院学报（社会科学版），2006（2）：105－109.

大部分的家庭没有家谱。对于家谱有什么意义,28.3%的人选择了“尊敬和纪念祖先”,23.4%的人选择“教育后代不忘祖”,16.1%的人认为在于“增强家族团结”,14.0%认为是传承“传统文化”,以及1.5%的人认为是为了分清族人的辈分。此外,还有16.4%的人认为修家谱没有用处,有1人认为是封建思想。

表5-10 家谱的意义

家谱的意义	纪念祖先	教育后代	没用	增强家族团结	传统文化	分清辈分	封建思想	合计
频率	93	77	54	53	46	5	1	329
百分比	28.3	23.4	16.4	16.1	14.0	1.5	0.3	100.0

(二)家谱与人口特征和其他社会资本网络的关系

如表5-11所示,是否有家谱与几个人口指标显著相关。它与家庭人口、少儿人数和少儿抚养比均在0.05的水平上显著正相关,相关系数分别为0.123、0.121和0.111;与全年不在家人口比例和务农人口比例均在0.001的水平上显著相关,相关系数分别为0.178和-0.195。这几个相关性意味着,家庭人口越多、少儿人数越多、少儿抚养比越大以及全年外出务工人口比例越大的家庭,拥有家谱的比例也越大。相反,在家务农人口比例越大的家庭,拥有家谱的越少。

表5-11 是否修家谱与人口指标的相关性

		家庭人口	少儿人数	少儿抚养比	全年不在家人口比	务农人口比
是否修家谱	Pearson 相关性	0.123**	0.121**	0.111**	0.178***	-0.195***
	显著性(双侧)	0.026	0.028	0.045	0.001	0.000
	N	330	330	324	330	330

注:**、***分别表示在0.05、0.01的水平(双侧)上显著相关。

表5-12的均值分析进一步验证了几种人口特征与是否有家谱之间的关系。即:与没有家谱的家庭比较,有家谱的家庭人口较多(人口均值多0.38人),少儿抚养比较大(均值多出6.92个百分点),务农人口的比例较小(低9.6个百分点),全年在外务工的比例较大(高10.4个百分点)。是否可以就此推断,有家谱的家庭倾向于多生孩子、多务工和少务

农,尚需进一步的研究加以佐证。

表 5 - 12　是否有家谱的几种人口特征

是否有家谱		0—14 岁	少儿抚养比	家庭人口	务农人口比	全年不在家人口比
否 N = 208	均值	0.60	0.1925	4.60	0.5335	0.3663
	标准差	0.702	0.2471	1.414	0.2431	0.2827
是 N = 122	均值	0.80	0.2617	4.98	0.4374	0.4702
	标准差	0.918	0.3724	1.545	0.2157	0.2693
总计 N = 330	均值	0.67	0.2181	4.74	0.4979	0.4047
	标准差	0.793	0.30096	1.473	0.23760	0.28191

调查中发现,即使有家谱的家庭,对家谱也极少表现出偏爱,大多数人对家谱持一种可有可无的态度。表 5 - 13 显示,是否有家谱与各种资源交换网络及人均收入没有表现出显著的相关性,只与过年拜访的网络数量在 0.1 的显著水平上有正相关关系。即:有家谱的家庭,过年拜访的网络数量相对较多。从另一个侧面说明有家谱的家庭人口规模比较大,社会资本网络规模也比较大。

表 5 - 13　修家谱与几个社会资本网络的相关性

		换工与否	打工信息网络类型	市场信息网络	技术信息网络	人均收入	过年拜访网络数
是否修家谱	Pearson 相关性	-0.040	-0.025	0.022	-0.102*	-0.027	0.109*
	显著性(双侧)	0.475	0.687	0.711	0.097	0.622	0.052
	N	326	271	277	266	330	319

注:* 表示在 0.1 的水平(双侧)上显著相关;

技术信息网络:自己及父母 = 0,市场和媒体 = 1(包括:门市部老板,拜师,参加自费的培训班和媒体),政府及干部 = 2,弱关系 = 3(包括老板、工友、各种朋友和聊天),强关系 = 4(即亲戚邻居),强弱关系均有 = 5(即亲友邻居、老板、报纸电视、政府等随意组合);

技术信息网络:自己 = 0,中介、媒体和干部 = 1,朋友、工友、同学、战友、师傅和老板 = 2,亲戚邻居 = 3,组合 = 4。

总之,家谱虽然表现出与家庭规模和社会资本规模有比较显著的正相关关系,这兴许只能说明,有家谱的家庭在过去都是比较大的家族,根深叶茂,它与社会资本之间的关系只是过去历史的目前结果,并不能说明它对当前农村社会资本有显著作用。从大部分调查对象对家谱不冷不热的态度来看，它在今天的农民心目中用处不大。它在历史上的七大功效，除了尊祖和睦族之外，其他意义在现实世界中已无用武之地。而尊祖、睦族和传承文化的功能，需要在国家权力的合理引导下对家谱的表现形式进行积极创新，才能实现这些功能，否则也只能接受进入历史档案馆的命运。

二、扫墓祭祖及其简单分析

扫墓祭祖是建立在血缘基础上的祭祀祖先的仪式，是中国传统礼仪的重要内容之一。祭天和祭祖本来一起构成了中国人宗教信仰系统中两个重要内容，但是“天”要护佑全天下人，而“祖”只需要护佑自己的子孙，因此，人们对“祖”的情感自然要比对“天”亲近得多。这就使得“祖”在人们心目中的地位越来越高[①]，从而祭天的活动逐渐淡去，祭祖的活动却广泛地流传下来。祭祖的仪式有多种，其中最普遍最通俗的形式是扫墓上坟，其他形式对现在的年轻人来说已经很陌生了。因此我们只调查了扫墓上坟的情况。

（一）扫墓祭祖的调查结果

调查显示，329 个家庭中，绝大多数农户在春节或清明会给逝去的祖先扫墓上坟，只有 19 户人家（占 5.8%）不扫墓。由于调查问题较多，我们没有追问这 19 户人家为什么不扫墓上坟，不过由于这部分人主要是丹江口库区的老移民，可以推测他们祖先的坟墓已在搬迁中淹没，无从祭扫。总体上，大家普遍认为扫墓上坟是很重要的活动，尤其是作为春节的一项重要内容，如同春节一定要回家过年一样的重要。在鞭炮声中，给去世的祖先烧纸挂钱，一边告慰祖先的灵魂，一边祈祷祖先保佑自己平安富足，是对自己心灵的慰藉和精神的寄托，也是中国传统文化中的一个重要成分。

---

① 肖雁．儒学与以“天”“祖”崇拜为核心的中国人宗教信仰系统的发展[J]．世界宗教研究，2010(5)：165－170.

表 5－14 扫墓祭祖的意义（N＝313）

扫墓祭祖的意义	频率	百分比	累积百分比
尊敬和纪念祖先	217	46.7	46.7
传统文化	88	18.9	65.6
教育后代	88	18.9	84.5
增强家族团结	45	9.7	94.2
风俗习惯	18	3.9	98.1
知道后继有人	6	1.3	99.4
没意思	3	0.6	100.0
合计	465	100.0	

表 5－14 统计了答卷人对扫墓上坟意义的回答。在各次累计选择中，46.7% 的人认为扫墓上坟的意义在于尊敬和纪念祖先。选择“传统文化”和“教育后代”的比例相等，各占 18.9%。分别有 9.7% 和 3.9% 的人认为扫墓祭祖的意义是增强家族团结或仅仅是风俗习惯。只有 3 个人觉得扫墓上坟的行为没有意思。

（二）扫墓祭祖的简单分析

表 5－15 按照答卷人的政治面貌分组统计了他们对于扫墓祭祖有什么意义的累计选择。这些选择主要体现出四个特点：其一，干部身份的人，没有一个选择“知道后继有人”、“风俗习惯”和“没意思”这三个选项；其二，干部身份的人选择“传统文化”和“增强家族团结”的比例在各组中最大；其三，党员选择“尊敬祖先”的比例在各组中最大；其四，普通村民选择“风俗习惯”的比例比其他组大。总体上，不同政治面貌的人关于扫墓上坟的意义其回答差异并太不明显。

表 5-15　分政治面貌的扫墓祭祖意义（频率，百分比）

答卷人政治面貌	扫墓祭祖意义累计选择（N=313）							合计
	尊敬祖先	增强家族团结	传统文化	教育后代	知道后继有人	风俗习惯	没意思	
村干部或兼党员	20(44.4)	5(11.1)	13(28.9)	7(15.6)	0(0.0)	0(0.0)	0(0.0)	45(100.0)
党员	27(48.2)	4(7.1)	12(21.4)	11(19.6)	1(1.8)	1(1.8)	0(0.0)	56(100.0)
普通村民	169(46.8)	35(9.7)	63(17.5)	69(19.1)	5(1.4)	17(4.7)	3(0.8)	361(100.0)
合计	216(46.8)	44(9.5)	88(19.1)	87(18.8)	6(1.3)	18(3.9)	3(0.6)	462(100.0)

按地域分组统计扫墓祭祖意义的第一选择（见表 5-16），发现不同地域的答案区别很明显。河南和湖北选择“尊敬祖先”的比例最高，在83%以上；而四川和重庆分别为49.2%和36.5%。重庆选择“教育后代”的占34.6%，远远超过其他地域。四川选择“增强家族团结”、“传统文化”和“风俗习惯”的比例居各组之首。

表 5-16　分地域的扫墓祭祖意义（频率，百分比）

省份或直辖市	扫墓祭祖意义第一选择（N=313）							合计
	尊敬祖先	增强家族团结	传统文化	教育后代	知道后继有人	风俗习惯	没意思	
河南	73(83.0)	3(3.4)	5(5.7)	4(4.5)	0(0.0)	1(1.1)	2(2.3)	88(100.0)
湖北	95(83.3)	0(0.0)	12(10.5)	5(4.4)	0(0.0)	1(0.9)	1(0.9)	114(100.0)
四川	30(49.2)	6(9.8)	12(19.7)	5(8.2)	0(0.0)	8(13.1)	0(0.0)	61(100.0)
重庆	19(36.5)	2(3.8)	7(13.5)	18(34.6)	3(5.8)	3(5.8)	0(0.0)	52(100.0)
合计	217(68.90	11(3.5)	36(11.4)	32(10.2)	3(1.0)	13(4.1)	3(1.0)	315(100.0)

其他个体特征如年龄、性别、婚姻等，在认识扫墓祭祖的意义上没有显示出明显的区别。只在年龄上稍微有差异（见表 5-17）：66岁以上的无人选择“没意思”、“风俗习惯”和“知道后继有人”，而是只选择了“尊敬祖先”、“传统文化”和“教育后代”三项。尤其是“传统文化”的选择比例在各组中身居高位。这一组的老人应该是最在乎自己百年之后子孙是否会给自己烧纸上坟的，所以不会认为“没意思”或者仅仅是风俗习惯。

很多老人哪怕在世的时候没有享福，也希望去世后能够在活人的心中有足够的位置，这也许是中国人根深蒂固的“面子”心理，或者说是福山所说的与理性欲望并存的认可的欲望①，是人们希望证明自己没有枉活一世的精神需求。中间年龄段的选择“尊敬祖先”的比例最高。

表 5－17　分年龄组的扫墓祭祖意义

答卷人年龄分组（岁）		扫墓祭祖意义的第一选择							合计
		尊敬祖先	增强家族团结	传统文化	教育后代	知道后继有人	风俗习惯	没意思	
40 及以下	计数	37	4	7	5	0	5	1	59
	百分比	62.7	6.8	11.9	8.5	0.0	8.5	1.7	100.0
41—55	计数	106	6	14	16	2	4	1	149
	百分比	71.1	4.0	9.4	10.7	1.3	2.7	0.7	100.0
56—65	计数	61	1	10	8	1	4	1	86
	百分比	70.9	1.2	11.6	9.3	1.2	4.7	1.2	100.0
66 及以上	计数	13	0	5	3	0	0	0	21
	百分比	61.9	0.0	23.8	14.3	0.0	0.0	0.0	100.0
合计	计数	217	11	36	32	3	13	3	315
	百分比	68.9	3.5	11.4	10.2	1.0	4.1	1.0	100.0

宗族祭祖活动经历了 1949—1978 年间的衰落，改革开放后迅速恢复并有燎原之势。但是 90 年代末期开始，这种祭祀活动由家族齐聚一堂共同祭扫墓地尚存的所有同族祖先，逐渐演变到以核心家庭单独行动、主要祭祀一至三代直系祖先的格局。这个变迁历程的早期表现，说明家族网络是传统中国社会人们构建社会关系的主要模式，由于缺乏其他的民间组织形式，单凭行政力量加以消除是脱离客观现实的，因为人们不可能作为原子化的个体存在于正式组织当中，他们需要非正式网络的存在。而后期的变化则说明，生产方式的变化和人口流动性的增加，正在加速农村居民的分化，大多数人脱离了农业生产领域，分散于外乡各地打工谋生，

① 弗朗西斯·福山．历史的终结和最后一个人[M]．该书翻译组，译．呼和浩特：远方出版社，1998：169－178.

家族的意义逐渐褪色，祭祀祖先的意义主要在于纪念和教育后代。

第四节　养老观念、经济分立与家庭社会资本

在当代中国农村，家庭仍然是个体的首要社会资本网络。传统的家庭伦理关系主张“父慈子孝、兄良弟恭、夫义妇听、长惠幼顺”，强调家庭成员之间彼此扶助，每个家庭自成一个保障系统。养儿防老在几千年的历史当中，既是一种社会关系，又是一种社会实践，它使得资源代代相传、彼此相依，既界定了家庭成员之间的义务和权利，也密切了家庭成员之间的联系，使家庭成为最可靠的社会资本网络。

一、养老观念及其简单分析

这里的研究对象是大足县高升镇的52个农民家庭。在养老问题上（见表5－18），被调查者选择“子女”作为第一位的养老依靠，占44.2%；而选择“子女为主，自己力所能及”的人占40.4%，这两项合计达84.6%。这个数字远高于林聚任在山东农村的调查结果（61.1%）[①]。本调查中，认为应该靠自己或国家养老的人，恰好各占7.7%。这个调查结果说明，农民仍然停留在传统的家庭养老观念上。

表5－18　农民选择的养老依靠（人，百分比）

养老依靠对象	频率	百分比	累积百分比
子女	23	44.2	44.2
子女为主，自己力所能及	21	40.4	84.6
自己	4	7.7	92.3
国家	4	7.7	100.0
合计	52	100.0	

① 林聚任，等．社会信任和社会资本重建——当前乡村社会关系研究[M]．济南：山东人民出版社，2007：182－183.

农民的养老选择与年龄、学历、性别和生产方式等因素有关。表5－19显示,选择依靠自己养老的人群在年龄上呈现出两极分化的现象:一极是40岁以下的群体,他们选择依靠自己养老的人占到1/4;另一极是66岁以上的群体,他们选择依靠自己养老的人近仅占1/6。这两个人群均无一人选择依靠国家。这是一个很奇特的现象。我认为这两种人群的同一种选择背后,其出发点其实是不同的。对年轻的那部分人来说,选择依靠自己是因为对自己能力的自信,而没有选择依靠国家的原因,除了自信以外,还有对国家的不信赖;老年组选择依靠自己,更多的可能是现实情况的反应。目前农村很多家庭的子女常年在外打工,打工收入很少会上交给父母,甚至许多父母对子女的收入情况也一无所知。由于政府对农民有种粮和退耕还林的补贴,还有合作医疗,可以在很大程度上满足农民的最基本保障和现金来源。而留守家中的老人,只要身体状况能够基本满足耕种田地的劳动力要求,则可以满足其生活消费的基本需求。只有年龄特别大以及因其他原因再也不能参加劳动的人群,才完全依靠子女谋求生活。在林聚任的调查结果中,越年轻的人群选择依靠自己和政府的越多,越年老的人群则选择依靠子女的越多,没有出现本研究中趋势不一致的现象①。这也许是地区差异,也可能是6年的时间内情况发生了变化。按照性别来分析本调查,则女性选择依靠子女和国家的人更多,没有一个女性选择依靠自己。这可以有两种解释:一是女性的观念更传统;二是女性体力上毕竟是弱于男性,在农业生产方式尚未根本转变的情况下,男性在农业生产中仍然比女性有优势。

表5－19　分年龄组和性别组的养老观念(人,百分比)

养老观念	年龄分组				性别分组		合计
	40岁及以下	41—55岁	56—65岁	66岁及以上	男	女	
自己	25.0	8.0	0.0	16.7	10.5	0.0	7.7
子女	50.0	48.0	29.4	66.7	42.1	50.0	44.2

① 林聚任,等. 社会信任和社会资本重建——当前乡村社会关系研究[M]. 济南:山东人民出版社,2007:182－183.

续表

养老观念		年龄分组				性别分组		合计
		40岁及以下	41—55岁	56—65岁	66岁及以上	男	女	
子女为主，自己力所能及		25.0	36.0	58.8	16.7	42.1	35.7	27.8
国家		0.0	8.0	11.8	0.0	5.3	14.3	60.0
合计	百分比	100.0	100.0	100.0	100.0	100.0	100.0	100.0
	人数	4	25	17	6	38	14	52

表5－20显示，初中学历的人群选择依靠自己养老的比例最大，为22.2%；小学及以下人群选择依靠子女及子女为主的最多，达96.5%；高中以上学历者选择国家养老的最多，为40%。高中及以上和小学及以下的群体均没有人选择依靠自己。从事非农业时间在半年以上的人群比低于半年的人群选择依靠自己的更多，为16.7%；而纯务农的人选择依靠子女和子女为主的人最多，达88.1%。这些结果说明，教育程度的提高和生产方式的转变确实会导致养老观念的变化。

表5－20　按学历和非农就业时间分组的养老观念（人，百分比）

养老观念		学历分组			非农就业时间分组			合计
		小学及以下	初中	高中及以上	0月	0.5—5.9月	6月以上	
自己		0.0	22.2	0.0	7.1	0.0	16.7	7.7
子女		51.7	44.4	0.0	47.6	50.0	16.7	44.2
子女为主，自己力所能及		44.8	27.8	60.0	40.5	25.0	50.0	27.8
国家		3.5	5.6	40.0	4.8	25.0	16.7	60.0
合计	百分比	100.0	100.0	100.0	100.0	100.0	100.0	100.0
	人数	29	18	5	42	4	6	52

二、家庭经济功能及成员分立

家庭作为基本的社会经济单位，具有重要的社会和经济功能。到目前为止，家庭社会资本仍然是中国农民最重要的社会资本。现代化促使家庭的功能发生变迁,家庭成员之间的传统关系受到冲击。在老人赡养方面,亲子分居的现象越来越多,或者房屋虽然尚未分开,但经济上已经独立开来,由原来的直接供养变成为老人提供经济来源和生产帮助。由于大多数青壮年外出务工,事实上大部分家庭的子女与老人在居住上早已分开。许多在外打工的子女连收入信息也不会告知老人。本调查的52个样本中,打工子女在经济上与老人分开的家庭有13户,占1/4。

表5-21　经济分立与养老观念(人,百分比)

打工子女是否经济分立	养老依靠				合计
	自己	子女	子女为主,自己力所能及	国家	
否	2(5.1)	19(48.7)	15(38.5)	3(7.7)	39(100.0)
是	2(15.4)	4(30.8)	6(46.2)	1(7.7)	13(100.0)
合计	4(7.7)	23(44.2)	21(40.4)	4(7.7)	52(100.0)

经济分立的事实对老人养老观念也产生了一定的影响。经济分立家庭的答卷人选择依靠自己养老的比重较大,为15.4%;未经济分立的家庭选择这个选项的则仅占5.1%(见表5-21)。

这种现象一方面是经济与社会进步的表现。因为只有当劳动生产率提高到一定的程度,家庭的各种功能才能逐步分化,从混沌一体的状态中分离出经济、社会、情感和心理等功能。比如,原来的家庭是"四世同堂"甚至更多代人的同堂,对老人的赡养是直接赡养。之所以采取大家庭的组织方式,是因为聚集在一起能够获得规模效益,分开则运转成本太高,无法相互照顾,从而大大降低了家庭抗风险的功能。今日的家庭日益向核心家庭演变,子女不再延续直接供养长辈的方式,而代之以货币化赡养,首要原因是家庭成员的经济生产力提高。与此同时,大环境的变化也必不可少,这就是各种资源的市场化和货币化,从而老人可以用货币在市场上购买到自己所需的各种物品和服务。这个过程有利于家庭成员个体的独立和利益的维护,因为一个家庭中毕竟不是所有的成员都能力相当,捆绑在一起难免有"劫富济贫"的考虑。从另外一方面看,这个过程会拆散传统大家庭的社会资本，尽管兄弟姐妹之间仍然会相互帮衬，但是分立的家庭之间社会资本的维护毕竟不同于家庭内部，不是靠等级制和家长制来实施，而是遵循对等和互惠交换的规则。此外，家庭的功能远不止于经济功能，还包括社会和心理情感等功能，日常的陪伴和照顾也非货币化服务可以完全替代。无疑，这个经济发展和成员分立的过程会促使家庭社会资本的分化，能力强的会在外建立有利于自己的家庭外社会资本，而能力弱的（包括老人）则会逐渐被边缘化，并导致社会资本水平下降。尽管如此，新型的社会资本也许在此基础上孕育起来，原有的大家庭内部成员之间密切合作的关系会复制到经济分立后的核心家庭之间，并以互惠交换为基本原则，这样有助于改造特殊信任，使之向普遍信任转变。

第五节　本章小结

配偶在大事讨论网、情感支持网中都是最重要的关系，它表明，随着大家庭向核心家庭转变和妇女普遍参加劳动，女性在这些社会资本中占据了重要的地位，不再是臣属于夫家的附属角色。亲属除了是以上各种网络的关键力量，还是解困网络中最重要的关系，它以血缘基础作为信任的天然保障，始终是农民重要的社会资本。日常的社交网络与前述网络均有明显的区别，在社交网络中朋友是主体。可以说，亲属关系是关键问题支持网的主体，而非亲属关系（朋友）是日常问题支持网的主体。建筑工人的社交网络以同一工种为主，并且同工种固定在某个同乡地域，形成了一种路径依赖。路径依赖形成的原因是利用规模经济降低成本，它可以节约用工双方搜寻信息、购买生产工具、来往路费和管理方面的成本。

合作社和专业协会在农村的发展还是很缓慢，只有极少数农户参加。同时，自愿性参与的组织在中国农村仍然非常缺乏，大多数农民没有参与任何组织或社团。调查发现许多农民渴望获得有关政策的真实信息，而中央政府也需要了解地方政府对政策的执行情况。单单从农民与中央政府的信息沟通来讲,就很有必要建立农村的民间组织。此外,农业生产不可能一直保持简单的传统耕作方式,专业化分工是大势所趋,全国各地已经出现了许多新型的农村职业,农业生产的各个环节,包括耕地、播种育秧、施肥、收割、加工和销售,以及农民生活和农村的管理等各个方面,都在逐渐形成专业化的队伍。这些专业化的人群需要专门的社会资本网络来进行专业性的交流和互助。限于时间和篇幅,本书没有在这方面进行深入的调查和探讨,但是可以预测,专业性社会资本网络是未来农村社会资本发展的重要方向之一。

农民的闲暇活动也非常少,仅有的几类活动是以看电视、打牌和喝酒为主。这几类活动要么是自娱自乐,不与人交往,要么是诱发人性中邪恶的一面,都不利于积极社会资本的形成和发育。年龄与闲暇时间参与的社会资本网络规模成反比,学历和非农时间则与闲暇社会资本规模成正比,说明老年人和纯农民的社会资本水平要比年轻人和兼业农民更低。总体上,农民的闲暇活动非常单调。如果农民在漫长的农闲季节里无所事事,各种邪恶的势力就会乘虚而入。比如调查中发现有的乡村赌博盛行,并且不是农民之间普通的小赌,而是外来的有组织的赌博团伙。由于农村本来有打牌赌钱的风气,加上转型时期价值观混乱,很容易接纳外来的赌博活动,侵蚀农村的社会资本。正所谓宜疏不宜堵,只有当积极的社会资本填满农民的各种需求时,消极的社会资本才无隙可入。

调查发现略超过1/3的家庭有家谱,大多数人的态度是认为家谱可有可无。不过有家谱的家庭表现出比无家谱的家庭务工比例更大,人口和少儿更多,以及过年拜访的网络数量更大的特点。这也许只能说明有家谱的家庭在过去是比较大的家族,并不能证明它对当前的社会资本有明确的作用。相比之下,扫墓上坟的传统比较完好地传承下来,仅有极个别家庭不进行祭扫活动。绝大多数人认为扫墓上坟的意义在于纪念祖先、教育后代和传承文化。现在中国农村的大多数地区,不仅仅整个家族的仪式日渐消减或不复存在,甚至单个家庭的成员也很难聚集在一起。因此,扫墓上坟成了家庭成员聚会的一项重要活动,对密切家庭成员的关系、维系家庭的团结必不可少。

大约85%的农民仍然秉持依靠子女或子女为主的养老观念，尤其是女性和66岁以上的老人。家庭当中子女与老人经济分立的现象越来越多，样本中有1/4的家庭其打工的子女与父母在经济上分开。这种现象一方面是劳动生产率提高和经济进步的表现，另一方面，它也会导致家庭社会资本水平的降低和家庭成员的分化。不过，它也许有助于改造特殊信任，使之向普遍信任转变。

第六章
信任与文化规范

第一节　信任

信任被认为是社会资本的关键要素，“信任是所有这些问题的中心”[①]。甚至许多学者直接以信任代替社会资本，认为它们二者是同一的。本书认为，信任是社会资本形成和运作的规则，而不是社会资本本身。

早期的不少学者都曾涉及过有关信任的现象，如马克思和恩格斯（1848）的“有限度的团结”，迪尔凯姆（Emile Durkheim，1893）和帕森斯（Talcott Parsons，1937）的“价值融合”，齐美尔（Simmel Georg，1908）的“互惠交易”和韦伯（Max Weber，1904）的“强制性信任”等[②]。尤其是齐美尔曾专门探讨过信任，他认为“信任是社会中最综合的力量之一”[③]。

① 帕萨·达斯古普特．经济发展与社会资本观[A]．帕萨·达斯古普特 & 伊斯梅尔·撒拉格尔丁．社会资本——一个多角度的观点[C]．张慧东，姚莉，等，译．北京：中国人民大学出版社，2005：417.

② Alejandra Portes, Julia Sensenbrenner. Embeddedness and Immigration: Notes on the Social Determinansts of Economic Action[J]. American Journal of Sociology, 1993, 98(6): 1320 - 1350.

③ 郑也夫．信任论[M]．北京：中国广播电视出版社，2001：16.

但是自齐美尔之后，对信任的研究逐渐沉寂下来。直到 20 世纪 50 年代，美国心理学家多依奇（M. Deutsch，1958）对囚徒困境中的人际信任进行实验研究，与霍夫兰（Carl Hovland）、贾尼斯（I. Janis）和凯利（H. Kelley）对人际沟通过程中的信源可信度的研究一起，开创了社会心理学中信任研究的先河。直到 70 年代，信任才成为社会学的专门课题。经济学家对信任这个概念的关注则是近些年随着社会资本的研究逐渐深化的。在很长的时期内，"信任像空气一样被当作理所当然的存在"①。比如，福利经济学的政府模型一直假设，政府机构（如立法机构、公共服务机构、警察、审判机构等）是值得信任的，"这种观点认为，一旦产权得到合理的配置，系统就会找到一种有效率的均衡。但引人注目的是，所有这些都是建立在某种断言和信仰的基础上而很少进行分析的结果"②。

一、信任的定义

（一）研究信任定义的文献综述

如同社会资本概念一样，信任的定义也存在众多分歧。彭泗清按照西方社会科学中信任研究的演进顺序，把信任的定义划分为四种取向。最早，心理学家将信任理解为由情境刺激决定的个体心理和行为。在多依奇的囚徒困境实验中，人际信任的有无以双方是否合作来反映，两个人之间的信任程度会随着实验条件的改变而变化，信任被看作由外界刺激决定的因变量。多依奇还认为信任是一种心理预期，具有风险和非理性的特征。第二种取向认为信任是一种经过社会化而形成的相对稳定的人格特征，代表人物有心理学家（J. Rotter）和赖兹曼（L. Wrightsman）。他们认为，个体的生活经历和对人性的看法会使其形成对他人的可信程度的一般性期望或信念。这两种取向的研究都是从心理学的角度，将信任看作个体的特征，虽然受到了一些批评，但是他们给后来者奠定了信任研究

① 彭泗清．信任的建立机制：关系运作与法制手段[J]．社会学研究，1999(2)：53.

② 约瑟夫·斯蒂格列茨．正式和非正式的制度[J]．武锡申，译．经济社会体制比较（双月刊），2003(1)：75.

的微观基础。随着研究的推进,信任被理解为由人际关系中的理性计算和情感关联决定的人际态度。萨贝尔(C. Sabel,1993)认为,信任是交往双方共同持有的、对于双方都不会利用对方之弱点的信心。莱维斯(Lewis)和维格尔特(Weigert)对信任进行了颇有建设性的研究。他们认为,理性和情感是人际信任中的两个重要维度,二者的不同组合可以形成不同类型的信任。其中,认知性信任和情感性信任是最重要的两种类型,日常生活中的人际信任大多是这两者的组合。认知性信任是基于对他人的可信程度的理性考察而产生的人际信任,而情感性信任是基于与他人的强烈情感联系而产生的人际信任。在首属(初级)团体关系中,信任的主要内容以感情为主;在次属(次级)群体关系中,信任的主要内容以理性为主。他们还认为,随着社会结构的分化和社会流动性的增加,越来越多的社会关系都以认知性信任而非情感性信任为基础。第四种取向把信任延伸到宏观制度层面,认为信任是社会制度和文化规范的产物,是建立在法理(法规制度)或伦理(社会文化规范)基础上的一种社会现象。不同的学者对这种取向的信任采用了不同的术语,如"系统信任"(Luhmann),"基于制度的信任"(Zucker),"非私人信任"(Shapiro)和"社会信任"(Earle & Cvetkovich)。近年来,"社会信任"一词的使用频率更高一些。对社会信任也有两种不同的理解。如祖克尔等人将它看作法规制度的产物,认为人们讲信任的原因是由于有法规制度的制约,而人们信任他人是因为相信这些社会机制的有效性。福山等人则认为社会信任是文化价值观的产物,人们之所以守信或信任他人,是由于文化中蕴含着倡导诚信的道德规范和价值观念并得到人们的认可和内化[①]。达斯古普特则认为,信任的产生来自于内在的情感和外在的强制[②],前者包含了但又不限于福山的信任,后者类似于祖克尔理解的信任。因为人们的情感既来自

① 彭泗清. 关系与信任:中国人人际信任的一项本土研究[M]. 社会学年鉴(1995 - 1998). 北京:社会科学文献出版社,2000:290 - 297.

② Partha Dasgupta. A Matter of Trust: Social Capital and Economic Development. May 2009. Prepared for presentation at the Annual Bank Conference on Development Economics (ABCDE), Seoul, EB/OL. and June, 2009/2011 - 02 - 01.

文化，也来自其他复杂的因素。

卢曼从系统功能主义的角度，认为信任是一种社会关系结构。由于人类所处的世界极其复杂，人们很难正确预测事件的未来发展。为此，社会系统发展出高度普遍化的沟通符号规则，如货币和权力，以降低环境的复杂性。卢曼认为，信任也具有这种功能，它是减少社会交往复杂性的"简化机制"。由于理性的有限和未来的复杂与变幻，人类永远无法获取完整的信息。当面对不确定因素时，"信任靠着超越可以得到的信息，概括出一种行为期待，以内心保证的安全感代替信息匮乏"①，"复杂性难题以这一方式被分摊，因而变少。也就是说，一方暂时信任另一方会成功地驾驭暧昧不清的情况，换言之，将会简化复杂性；确实，在这种信任的基础上，另一方实际上有更好的取得成功的机会"②。由此，信任通过简化复杂性，促进了集体行动的达成。卢曼把信任区分为人际信任和系统信任。前者是建立在个体间熟悉、首属关系的基础上；后者则建立在高度分化了的、复杂的社会关系基础上，是对一般化的交往媒介如货币等系统的信任。卢曼还区分了信任与熟悉："熟悉是不可避免的生活事实；信任是解决特定风险问题的方法。但是，信任必须在熟悉的世界中获取，而且该世界中熟悉的特征也会发生变化，这些变化将冲击人类关系中发展信任的可能性。"③

吉登斯(Anthony Giddens)从现代性的时空脱域的视角，认为信任是"对一个人或一个系统之可依赖性所持有的信心，在一系列给定的后果或事件中，这种信心表达了对诚实或他人的爱的信念，或者，对抽象原则(技术知识)之正确性的信念"④。吉登斯的信任，既包括"人对人的信任"，又包括"人对系统的信任"；前者是"当面承诺(trust)"，后者是"非当面承诺(faith)"⑤。这个系统由象征标志和专家系统所组成。一般而言，

① 郑也夫．信任论[M]．北京：中国广播电视出版社，2001：102.

② 尼克拉斯·卢曼．信任[M]．瞿铁鹏，李强，译．上海：上海人民出版社，2005：33.

③ 尼克拉斯·卢曼．熟悉、信赖、信任：问题与替代选择[A]．郑也夫．信任：合作关系的建立与破坏[M]．陈心想，译．北京：中国城市出版社，2003：117.

④ 安东尼·吉登斯．现代性的后果[M]．田禾，译．南京：译林出版社，2000：30.

⑤ 同上书：69.

随着现代性制度的发展,"人对人的信任"将会逐步被"人对系统的信任"所代替,吉登斯却认为在当今现代性的全球化风险时代,"人对人的信任"在实现个人的自我认同和抵御全球性风险中将起着独特的作用。因此,虽然信任的基础和机制与过去有所不同,但"人对人的信任"与"人对系统的信任"却具有同等重要的地位。吉登斯还强调惯例、习俗等内在制度在塑造信任、获取安全感和克服焦虑方面的基础作用①。

经济学传统立足人的"经济理性",把信任更多地理解为计算型信任,侧重考察信任在节约成本方面的功能。比较有代表性的有阿罗、科尔曼和威廉姆森等人。他们一致认为,人是理性行动者,信任是人们通过成本-收益计算作出的涉及其他人的预期。科尔曼是一位有深厚的经济学传统的社会学家。他借用新古典经济学的理性选择理论与方法来研究信任问题,强调即时利益与委托人和受托人的成本-效益计算在信任形成与发展中的作用,认为信任是委托人与受托人在不断重复的博弈过程中产生的,它既是一种风险行为,也是一种理性的市场交易行为。科尔曼建立了两个行动者(委托人-代理人)互动是否给予信任的模型②:

P = 获得成功的概率(受托人可靠的概率)

L = 可能的损失(受托人靠不住的后果)

G = 可能的收获(受托人可靠的收益)

行动者给予信任的条件是:$PG + (1-P)L > 0$

在科尔曼的分析中,信任尽管是风险性行动,却是基于理性计算的。在他看来,理性行动者给予对方信任,他所预期的收益一定大于预期成本,否则就不会选择信任对方。因此,他不同意多伊奇将信任理解为一种非理性行为。他认为,信任是致力于在风险中追求最大化功利的有目的

① 董才生. 社会信任的基础——一种制度的解释[D]. 长春:吉林大学博士论文,2004,22-23.

② 詹姆斯·S. 科尔曼. 社会理论的基础[M]. 邓方,译. 北京:社会科学文献出版社,1999:117-118.

的行为[①]。即使在某些情况下，人们非理性地给予信任，也是基于他们对给予信任有强烈的需要。比如非常孤单的人，他们需要同伴和友谊，而建立这种同伴关系的前提是他们必须信任某人。在这种情况下，他们从信任当中获得的预期利益非常大，即便受托人的可信程度低，他们也愿意相信受托人。又如处于绝望状态下的人，他们对信任有极强烈的需要，因为没有外援他们就无法脱离困境，这时，他们的可能损失几乎为零，作为一个理性行动者他们应该抓住“救命的稻草”，所以他们选择信任提供帮助的人[②]。

威廉姆森根据人的有限理性和机会主义两大特征分析信任。他认为，现实中的人都是契约人，他们无不处在交易之中，契约人达到的是“愿望合理，但只能有限做到”的有限理性，人们在追求自我利益时必然会产生机会主义，组织是作为克服有限理性的经济工具来使用的，扩大控制和监督程序可以减少对信任的需要（尽管不能完全消除）。作为这一思想的体现，他构建了契约规制模型[③]。在20世纪70年代中期，威廉姆森认为计算型信任是自相矛盾的陈述；到1993年，他改为强调预先给予信任会密切私人的关系，因此不宜看重信任的位置和作用。在信任研究中，威廉姆森代表经济学传统中比较偏执的一派。有学者指出，威廉姆森的假设前提是同时具有很高预见性（非常理性）又总是能意识到有限理性的人，条件过于苛刻，而且，谁也不能将经济关系从社会关系中完全剥离，谁也不可能放弃经济行动中的主观意义[④]。

（二）本书的信任观

信任既是一种观念，又是一种人际关系。一方面，它一定程度上是人格特质的表现，另一方面，它主要决定于人和人之间的情感亲密程度以及互利行为和合作愿望。作为社会资本的信任是指人际之间的社会信任，

---

① 郑也夫．信任论[M]．北京：中国广播电视出版社，2001：17.

② 詹姆斯·S. 科尔曼．社会理论的基础[M]．邓方，译．北京：社会科学文献出版社，1999：126.

③ 张缨．信任契约及规则[D]．北京：中国社会科学院研究生院博士论文，2001：22.

④ 同上.

但是它并非与个体信任无关。信任的微观主体是个体,只有在个体愿意给予其他人信任、相信其他人的善意和相信制度的公正可执行的基础上,人际的相互信任才能达成。本书认为,信任既不是完全理性的行为,也不是完全非理性的行为,它如齐美尔所说,介于理性与非理性之间,或者说,处于全知与无知之间。在有的情况下,人们需要积极的使用理智来计算和判断是否应该给予别人信任,但是在许多情况下,人们往往只需要按照习惯和本能来决定是否信任别人。

信任是社会资本形成和运作的规则,它有深浅或者强弱程度的不同,不同程度的信任对应着不同类型的社会资本网络。人际之间的浅度信任对应着泛泛的人际关系网络或者一般性利益的场景;中度信任对应着中等熟悉程度的人际关系网络或者中等利益场景;深度信任则对应着亲密的或特殊的人际关系网络或者较大的利益场景。在每一种情况下对社会资本的投入和从中所获收益的多少都是不相等的,随着信任程度由浅入深、人际关系由泛泛到亲密,投入和收获都在逐级递增。但是人们并不需要把所有的社会资本和信任都上升到亲密和高度信任的类型,而是需要各种情形的社会资本网络和信任度并存,以满足多种不同的需要。

二、信任的产生机制和维持机制

(一)信任的产生机制

祖克尔系统地分析了信任的产生和建构的三种机制。一是由声誉产生信任,即根据对他人过去的行为和声誉的了解而判断其是否值得信任。二是基于社会相似性产生信任,即根据他人与自己在家庭背景、种族、价值观念等方面的相似性程度来判断其是否值得信任。一般来说,相似性越多,信任度越高。它根源于社会模仿的义务和合作规则,判断的依据是基于以下信念:相似的社会背景往往意味着有相近的行为规范、容易相互理解、在交往或经济交换中容易达成共识。这种信任强调团体成员的身份、资格和熟悉度。三是由制度产生信任,即信任是建立在非人格化的社会规章制度(如专业资格、科层组织、中介机构及各种法规)的基础上。

祖克尔分析了1840—1920年期间(此为美国工业化的关键时期)美国经济活动中的信任问题。她发现,在这一时期,大量外来移民的涌入、人口流动的加剧及企业组织的不稳定等因素,导致以声誉产生信任的机制相当混乱,有效性降低。另一方面,由于理性化科层组织的发展、专业资格制度的推广、规章和立法的加强,使得由法制产生信任的机制得到越来越广泛的应用①。

中国是一个非常重视人际关系的社会,传统人际信任建立在费孝通先生描述的"差序格局"的人际关系基础之上,人与人之间信任程度的高低依赖于关系的远近。怀特利等学者(1991)采用祖克尔的观点研究了华人社会中的信任产生机制,结论是:华人社会主要是通过声誉和关系产生信任,而法制化的信任很少。彭泗清认为,怀特利等人事实上提出了另一种建立人际信任的机制:关系运作,即建立、发展、维持和利用关系的活动。彭泗清通过实证研究,证实关系运作是中国社会建立和增强微观信任的重要机制。他认为关系运作不仅包括利用关系网或请客送礼等工具性色彩较强的方法,还有相互尊重、交流思想感情等情感性色彩较强的方法,并且不同的关系运作方法有不同的适用范围。在长期合作关系中,加深情感的关系运作方法较受重视;而在一次性交往中,利用关系网或给付利益的关系运作方法较受重视。此外,在经济合作关系中,人们除了进行关系运作以产生信任,还会采用法制手段来强化信任,关系与法制可以共存②。彭泗清在这里实际上展示了中国社会法制化信任产生的背景,即经济合作关系。可以推测,随着市场经济的发展,法制化的信任会加速增长。彭泗清的实证研究事实上也证实了莱维斯和维格尔特的观点,即信任主要有理性和情感两个维度,两个维度的不同组合形成了现实生活中的大部分信任。

(二)信任的维持机制

信任产生的主要动力源于降低社会的复杂性,促使集体行动得以达

① 彭泗清. 信任的建立机制:关系运作与法制手段[J]. 社会学研究, 1999(2):56-64.

② 同上.

成。信任是在信息不完全的情景下做出的选择，面临着人类行为的道德风险和反向激励问题，因此，信任是一种风险投资。而人类的偏好总是致力于减少风险，这就要求采取相应的机制来约束信任各方的行为，以维持信任关系的正常运转，确保当失信行为出现时，给受损者以相应的补偿，或给失信者应有的惩罚，保障社会互动的平衡。有人把信任的维持机制区分为三种，即关系约束（人际约束）机制、组织约束（单位约束）机制和制度约束机制①。

1. 信任的关系约束机制

信任的关系约束机制是依靠人与人之间的交往关系来发生作用，它产生于信任网络的封闭性。在相对封闭的关系网络中，信任的维持与下列因素有关：第一，人与人之间的交往频率高，因而彼此熟悉、相互了解。这从我们在河南和湖北的调查中可以得到证实。村民们给出的信任理由中，第一位（50.9%）是血缘关系，原因是亲属关系乃天然的封闭网络，并且彼此非常熟悉；第二位是“经常交往、了解”（针对非亲属关系）。第二，人际交往对象的可替代性很小，从而无法主动选择交往的对象或轻易逃离这些交往对象。换句话说，这是一个相互锁住的关系网络。第三，人与人之间的交往富有深度和广度，囊括了各个方面和各个层次的互动。由上述三个因素的相互作用，实际上把网络中的成员置于彼此监督的关系当中，若有成员违背网络中的信任规则、失信于人，意味着很可能失去所有成员的信任，失去各个层面上重复博弈的可能性，陷于“众叛亲离”和“孤家寡人”的境地。这种惩罚很少有人愿意并且能够承受。

2. 信任的组织约束机制

在正式或非正式的组织中，信任的组织约束机制发挥着作用。这里的组织不包括国家这样大的单位，而是限于微观或中观意义上的组织机构，比如家庭、企业和社区。组织作为一个整体，它的持续生存有赖于其

① 林聚任，等．社会信任和社会资本重建——当前乡村社会关系研究[M]．济南：山东人民出版社，2007：149.

声誉,而声誉是在长时间坚持某种有利于他人和社会的行为的基础上获得的,因此,组织通过这种坚持向其他组织传递积极合作的信号,以维持组织之间的信任。在组织内部,每个成员必须遵从组织的正式或非正式规则,积极与其他成员合作,才能被组织所接纳。

3. 信任的制度约束机制

这里的制度是指正式制度。正式的法律法规和各种国家制度是建立和维护社会秩序的保证,因而也是维系社会信任的前提和基础。正式制度与关系和声誉相比,具有显明、稳定、系统、普适和强制的特征,它传递的信号清晰明了,传递的范围广泛,能够被社会的正常成员理解和认同。柯武刚和史漫飞认为:"制度的关键功能是增进秩序:它是一套关于行为和事件的模式,它具有系统性、非随机性……秩序鼓励着信赖和信任,并减少着合作的成本。当秩序占据主导地位时,人们就可以预见未来,从而能更好地与他人合作,也能对自己冒险从事创新性试验感到自信。"①制度作为一种行为规范或规则,在引导人们行动的同时,也限制了可能的反应范围。健全、公平的制度降低了投机主义行为和社会系统的风险,增强了人类行为的可预见性,形成心理上的稳定预期,造就一种"心理秩序"②,从而有利于建立和维持全社会的普遍信任;信任与合作又反过来强化和巩固了秩序。

在不同的时代和文化背景下,信任的这三种约束机制作用的范围和程度不同。在安土重迁的小农经济社会,关系约束机制在各个血缘或地域圈子里起主导作用;在资源按照市场机制优化配置、广泛流动的社会,制度约束机制在全社会广泛地发挥主要作用。组织约束机制则介于二者之间。

三、中国社会的信任

西方学者从他们的理论和视角研究得到的结论,普遍认为中国传统

---

① 柯武刚,史漫飞. 制度经济学——社会秩序与公共政策[M]. 韩朝化,译. 北京:商务印书馆,2002:23.

② 董才生. 社会信任的基础——一种制度的解释[D]. 长春:吉林大学博士论文,2004:26.

社会是缺乏信任的社会。韦伯在《儒教与道教》中认为,中国人是“世上绝无仅有的不诚实”,这种不诚实的品质导致了“中国人彼此间是典型的不信任”①。他认为,造成这种信任缺失的原因是中国一切信任建立在家族、亲族或拟亲缘关系的基础之上,是一种特殊信任,而对置身于这个特殊关系圈子以外的人,则是普遍的不信任;“儒教中习以为常的不正直的官方独裁以及死要面子的独特含义造成的后果是尔虞我诈,是普遍的不信任”②。在明恩溥的《中国人的素质》、雷丁(Gordon Redding)的《中国资本主义精神》和福山的《信任》等书中,他们一致认定传统中国是一个低信任度的社会。福山通过对不同国家社会文化的比较研究,支持了韦伯的观点。他认为,建立在宗教、传统、历史习惯等文化机制之上的信任程度,构成一个国家的社会资本,“一切社会都拥有一些社会资本,它们之间的真正区别跟所谓的‘信任半径’有关”③,美国、日本和德国是具有高信任度的社会,高于华人社会,也高于意大利和法国,因而他们经济繁荣,社会发达。他指出,儒家的中心思想实质就是家庭主义,“在中国和拉丁美洲,家庭是牢固而又紧密结合在一起的,却很难信任陌生人,公共生活中的诚实与合作水平也十分低下。其后果是滋生裙带关系,社会贪污腐败泛滥”④。按照福山的观点,一个国家的信任度高低直接影响企业的规模,进而影响该国在全球的经济竞争力,因而华人企业的规模不如信任度高的国家的企业规模大⑤。

韦伯和福山等人的研究不乏洞见之处,但是也存在明显的偏见,他们都是从西方中心主义的视角来评判中国社会的信任状况。对此,中外学者对他们的论断进行了回应和批驳。第一种回应是在认同韦伯有关特殊信任和普遍信任区分的基础上,强调中国文化构成的多元性,认为中国文

① 马克斯·韦伯.儒教与道教[M].王容芬,译.北京:商务印书馆,1999:284.

② 同上书:289.

③ 弗朗西斯·福山.大分裂——人类本性与社会秩序的重建[M].刘榜离,等,译.北京:中国社会科学出版社,2002:19-20.

④ 同上书:20.

⑤ 弗朗西斯·福山.信任:社会道德与繁荣的创造[M].李婉蓉,译.呼和浩特:远方出版社,1995:71-76.

化虽然具有关系特殊主义的特点，但其内部也有制衡的机制，可以抑制特殊主义的过分膨胀，为工具理性提供活动空间，以维持经济生活和政治生活的有效运转。第二种回应是强调信任行为的时代性特点，认为在现代化过程中，通过与西方文化的接触，在一些华人社区（如港台、新加坡）已经建立了普遍信任。第三种回应是一些实证研究的发现并不支持韦伯等人的观点。如张建新与邦德的调查，表明中国大学生对熟人和陌生人的信任程度高于美国大学生。王飞雪等人的研究发现中国人的信任结构较为复杂，虽然对他人的一般信任程度不高，却相信人性善良[①]。

董才生指出，韦伯和明恩博的推理中都存在明显的逻辑矛盾[②]；一方面，韦伯认定传统中国社会信任缺失；另一方面，又承认传统中国存在社会信任，只不过这种社会信任是建立在亲戚关系或拟亲缘的私人关系之上。明恩溥也出现了类似于韦伯的逻辑矛盾与困惑。他深知"没有一定的相互信任，人类就不可能存在于一个有组织的社会，尤其是在像中国这样一个组织得如此严密、如此复杂的社会之中，这更是不容置疑"[③]，但是他又从列举中国政治、经济、社会等各方面的现象中得出与韦伯相同的结论，即传统中国社会缺乏信任。对于这样的矛盾，明恩博采取一种自圆其说的推理方式，即把中国社会信任缺失看作是一种反例，一种反常，一种违反"公理"的特例。董才生认为，传统中国并不缺少社会信任，只不过在形式上有别于西方的社会信任。他认为，韦伯等西方学者在传统中国社会信任程度的判定上之所以会产生如此严重的偏见，深层的原因是他们根深蒂固的西方文化中心论或优越论[④]。

福山从各个国家的文化和企业表象出发进行比较，推导出信任度低的文化不能形成大规模的企业，华人企业的规模因此受到限制。彭泗清针对福山的观点进行了驳斥[⑤]。他指出，福山的观点主要靠罗列一些论

---

① 彭泗清．信任的建立机制：关系运作与法制手段[J]．社会学研究，1999(2)：54.

② 董才生．社会信任的基础——一种制度的解释[D]．长春：吉林大学博士论文，2004，29－30.

③ 明恩溥．中国人的素质[M]．秦悦，译．上海：学林出版社，2001：208.

④ 董才生．社会信任的基础——一种制度的解释[D]．长春：吉林大学博士论文，2004：31.

⑤ 彭泗清．信任的建立机制：关系运作与法制手段[J]．社会学研究，1999(2)：54.

据来支持，并没有提供一个详细严密的逻辑论证。彭泗清认为，“对外人不信任”应区分为“起点上的不信任”和“永远的不信任”。前者是由于对外人不了解，不敢盲目地给予信任，通过了解确认其可信度之后，就会给予适度的信任。后者是指人际信任完全局限于自家人的小圈子之内，不管外人的人品和能力怎么样，都因为“内外有别”而不予信任。彭指出，从逻辑上来讲，只有第二种不信任才会导致低信任度社会的产生。而第一种因为陌生和不了解导致的不信任属于“健康的怀疑论，被美国国父认为是民主的关键部分”，“从洛克到麦迪森再到当代的共和党人都认为它是民族繁荣的基础”[①]。不少西方学者都将信任（trust）与盲信（gullibility）区分开来。彭进一步指出，由于对人性的看法会受到社会文化的影响，故而对外人的“初始信任度”可能存在文化的差异，因此，可以区分为“高初始信任度社会”与“低初始信任度社会”；在社会生活中，人们之间的实际信任度是由初始信任度与人际交往共同决定的，不能简单依据初始信任度的高低来判断一个社会是高信任度还是低信任度[②]。

罗家德和叶勇助把中国人的信任关系分为三种，即差序格局下的家人、熟人和弱连带。虽然家人连带被山岸（Yamagishi）认为是保证关系而非信任关系，但罗家德和叶勇助认为，大多数两岸调查仍显示家人在一般认知的“信任”意义下仍然是最被信任的人，因此，家人连带属于信任关系。熟人连带同时包含了情感与交换。他们认为，西方很少有人情交换的概念，所以熟人连带是华人社会特有的关系形态和行为模式。并且，他们“怀疑熟人连带的信任之深超过家人连带”。理由是，根据可信赖理论，信赖是由诚实、能力、一致性以及互惠四个方面构成的，而熟人连带需要双方同时具备信赖的四个要素，否则关系无法建立[③]。虽然罗家德和叶勇助对信任的这种区分让人耳目一新，但是他们认为家人属于保证关

① 玛格丽特·利瓦伊（Margret Levi）．恰当防范促成好邻居关系：对信任、信任缺乏和不信任的交易成本分析方法[A]．科斯，诺思，威廉姆森．制度、契约与组织：从新制度经济学角度的透视[C]．刘刚，等，译．北京：经济科学出版社，2003：170，175.

② 彭泗清．信任的建立机制：关系运作与法制手段[J]．社会学研究，1999（2）：55.

③ 罗家德，叶勇助．中国人的信任游戏[M]．北京：社会科学文献出版社，2007：63－64，79－80

系,是依据需求法则而不得不保持合作,这点是很让人费解的。

四、不信任的合理性

信任有利于减少交易成本,促进合作均衡的达成。但是信任是有条件的,或者说,如果信任是理性的,那么信任就是有条件的。而健康的信任应该是有理性的,不应该是盲目信任。在不具备条件的情况下轻信陌生人或者圈外人,这种投资可能是无效的和不稳定的,甚至是损失惨重的。与其如此,还不如一开始就选择不信任来得更理性。尽管不信任的各种防备反应可能会在短期内导致高额的交易成本,从而让一次或少次的交易得不偿失,但是如果一个社会需要经常与陌生人打交道,各种社会要素频繁地流动,那么,寻求制度化和普遍性的方式在整体上和长时期来说就是有利可图的,是规模经济的。“即使在那些总交易成本很高的案例中,建立良好的制度防范措施也许仍旧是有生产率的;如果没有这些制度安排,某些很有生产率的交易和合作方式也许根本就不会发生”,“正是这种不信任导致了对那些不值得信赖者、剥削者和腐败者的防范制度的建立”①。对掌权者有可能寻租的认识促使防治贪污腐败的制度的建立,对资方可能盘剥工人的防范导致《劳动保护法》等法律规章的制定,对工人可能偷懒的防备促成各种绩效考核体制的创立,这些制度化方式不仅促进了生产率的提高,并且在创立制度的过程中,促使矛盾各方通过谈判学会了妥协和合作,在有条件的基础上给予彼此适度的信任。因此,威廉姆森和诺思认为:“良好的防范倾向是那些组织化和制度化的防范,创立和维护它们的费用是很高的,它们增加了监督、测量、实施以及其他一些交易成本。它们甚至可能要求整个产业和机构都投入到这类交易中去,这与转换成本形成对比……即使是这样,这些成本的支付也是有益的……在交易成本上的投资和在生产成本上的投资是相似的,能制造可

① 玛格丽特·利瓦伊(Margret Levi). 恰当防范促成好邻居关系:对信任、信任缺乏和不信任的交易成本分析方法[A]. 科斯,诺思,威廉姆森. 制度、契约与组织:从新制度经济学角度的透视[C]. 刘刚,等,译. 北京:经济科学出版社,2003:173-175.

能的交易并且提高交易的整体数量。”①

在不信任促成制度的建立方面，可以从农民工就业途径的变化中透视出来。从民工潮开始一直到21世纪初，从各种研究得到的数据都证实，农民打工的信息主要来自于亲属、同乡和朋友，比例从国家劳动部调查的54%到蔡昉等人调查的81%不等②。但是本研究中，大多数农民工打工的途径都是自己，只有少数依靠亲友和同乡，虽然有农民工务工经验得到增长的原因，但从整体上看，自己通过媒体和劳务市场获得就业信息的比重越来越高。从近几年全国各地为民工举办的众多专场招聘会中，也能看出民工通过非私人关系就业是其就业的大趋势。为什么会有这样的转变？并且，为什么前些年农民工就业主要依靠强关系的力量而不是格兰诺维特发现的弱关系的力量？翟学伟认为，格兰诺维特的强关系和弱关系理论不适合中国的场景，“农民工求职的关键问题不是信息多少和重复与否，也不是关系的强弱，而是此信息是真还是假，如何保证自己不受骗……中国人所能区分的信息真伪是由彼此信任的程度来决定的。”③也就是说，中国人对就业信息的信任主要是对信源可信度的信任。翟学伟于2000年对沿海四个城市的农民工进行了历时一年的深度访谈，他发现：由于正式制度的缺乏，导致就业市场上鱼目混珠，农民工只有通过来自不同亲友老乡的就业信息的重复程度，来判断该信息的真假。在遭遇欺骗和背叛的时候，也只能依靠自身的力量，采取以暴制暴等双输的方式来解决，否则就只能单方面承担被欺骗的后果。比如，我在调查过程中发现，建筑工人和包工头前些年遭遇老板不付工钱的情况较多，有的农民工采取的办法是邀约工友截下老板的车，拿到工钱才还车；还有小包工头由于发包方消失，至今也没有拿到工程款。最终的结果是极大地降低了行动的效率，并且伤害了信任本身。随着政府对就业市场制度的建立

---

① 玛格丽特·利瓦伊(Margret Levi). 恰当防范促成好邻居关系：对信任、信任缺乏和不信任的交易成本分析方法[A]. 科斯，诺思，威廉姆森. 制度、契约与组织：从新制度经济学角度的透视[C]. 刘刚，等，译. 北京：经济科学出版社，2003：176.

② 翟学伟. 社会流动与关系信任——也论关系强度与农民工的求职策略[J]. 社会学研究，2003(1)：1－11.

③ 同上.

和完善,到目前为止,已经极少有资方敢不支付民工的工资,同时,针对农民工的黑中介也日渐稀少,普遍信任正在逐步建立起来。因此,不信任的策略有利于催生制度的发育,从而为普遍信任打好坚实的基础。

五、信任的测量

对信任的测量最著名的要数普特南和世界价值观调查。普特南设计的问题是:“有人说一般情况下你可以信任别人,有人说与他人交往你要很小心。你的观点呢?”并设置了“高水平、中高水平、中低水平、低水平”四个选项。世界价值观调查的数据被各国学者广泛采用来分析社会资本的水平。该调查包括对大多数人的信任、对家庭和同胞的信任两个方面。对前者的问题设计与普特南的基本相同,但只有“是”和“否”两个选项,回答“是”的比例就代表一个国家中的信任水平;对家庭和同胞的信任则设置了五个水平的选项。

学者们对信任的测量,从最初的简单询问是否信任,逐步深化到区分或者设计某些情境来考察社会信任的不同形式和水平。林聚任等人设计的问题是:“您认为在工作或生意方面最可靠的合作伙伴是谁?”“当您遇到问题时,您首先找谁帮助?”除了这两种场景之外,他们还设计了一个十级量表,要求被调查者分别对家庭成员、亲戚、同学、同事、领导、邻居、一般朋友、生意伙伴和陌生人等十类人进行打分,并且于2003—2004年对山东农村进行实地调查。他们的调查结果表明,当前我国乡村居民仍然是给予家人、亲戚和邻居最高的信任度,属于韦伯所说的特殊信任结构;村民在选择合作伙伴和遇到困难时寻求帮助的对象均很少考虑血缘和亲缘关系以外的人选;对“不熟悉的人”或“陌生人”表现出高度的不信任,只有2%的人认为“不熟悉的人”是值得信任的,有超过一半的人否认大多数人值得信任;不同社会地位或阶层的人对社会信任的判断不同,相对而言,文化程度高的、党员和干部等群体有更高的比例认为大多数人值得信赖[①]。

---

① 林聚任,等.社会信任和社会资本重建——当前乡村社会关系研究[M].济南:山东人民出版社,2007:157-163.

六、实证研究：当前农村社会信任状况

(一)研究的对象

本处的样本数据是2009—2010年在河南、湖北、四川和重庆的333份入户调查，以及在重庆某建筑工地调查的23位农民工和在成都调查的11位农民身份的白领。其中，2009年的调查要求被调查者从给定的选项中认定最信任的人和最不信任的人，并且说明信任和不信任的原因；2010年调查时调查的方式稍有调整，改为询问被调查者遇到重大事情时的商量对象、对不同人群是否信任以及是否有上当受骗的经历。由于调查问题的调整，故而在每个研究问题上的有效样本数可能有些差异。具体的有效样本数字详见各个统计表。

(二)最信任的社会网络及其可信的理由

这里的研究对象是2009年在河南、湖北的215份入户调查和2010年在重庆某建筑工地上调查的23个农民工，其中有212人给出了明确的回答。表6－1的统计结果表明，答卷人对于最信任对象的第一次选择有14项答案，其中达到10%以上比例的依次为男方兄弟姐妹、子女和男方父母，累计占66.1%。首选是男方的兄弟姐妹，占第一次选择的34.4%；第二位是子女（既是所有样本的第二选择，也是老年家庭的首选），占17.5%；第三位是男方的父母。答卷人选择比例在10%以下的选项，包括邻居、村组干部、女方兄弟姐妹、配偶等。之所以最信任兄弟姐妹，除了因为他们是一起长大的血缘至亲之外，还在于他们正当壮年，是可以信赖并且可以依靠的力量。答卷人的第二次选择中，比第一次选择增加了岳父母、同学和战友这三种关系。其中，排列前四位的依次为男方父母、男方兄弟姐妹、女方兄弟姐妹和子女，累计达77.6%。第三次选择在前两次选择的基础之上，又增加了工友。其中，比例在10%以上的依次为子女、女方兄弟姐妹和村组干部，累计达51.3%。三次累计选择中，比例在10%以上的选择依次有男方兄弟姐妹、子女、男方父母和女方兄弟姐妹这四项，累计达68.3%。

表6-1 最信任的前三项

信任对象	第一选择		第二选择		第三选择		累计选择	
	频率	百分比	频率	百分比	频率	百分比	累计频率	百分比
男方兄弟姐妹	73	34.4	37	21.3	12	8.0	122	22.8
子女	37	17.5	22	12.6	38	25.3	97	18.1
男方父母	30	14.2	47	27.0	12	8.0	89	16.6
邻居	21	9.9	2	1.2	11	7.3	34	6.3
村组干部	14	6.6	11	6.3	19	12.7	44	8.2
女方兄弟姐妹	9	4.2	29	16.7	20	13.3	58	10.8
配偶	9	4.2	2	1.2	1	0.7	12	2.2
全都信任	7	3.3					7	1.3
自己	5	2.4	3	1.7	1	0.7	9	1.7
政府	2	0.9	1	0.6	1	0.7	4	0.7
乡镇干部	1	0.5	4	2.3	6	4.0	11	2.1
其他亲戚	1	0.5	2	1.2	10	6.7	13	2.4
朋友	1	0.5			4	2.7	5	0.9
没有	2	0.9					2	0.4
岳父母			11	6.3	10	6.7	21	3.9
同学			2	1.2	1	0.7	3	0.6
战友			1	0.6	1	0.7	2	0.4
工友					3	2.0	3	0.6
合计	212	100.0	174	100.0	150	100.0	536	100.0

接下来，对上述信任对象加以归类，合并为六项：家人，亲戚，邻居，基层干部及政府，获致性关系，自己。这里的家人包括父母、子女和配偶，亲戚主要包括夫妻双方的兄弟姐妹以及极少数关系特别亲密的其他亲戚，获致性关系包括同学、战友、工友和朋友等后天获得的关系。合并后发现，最信任的网络类型以亲戚和家人为主，二者合计达76.7%（见表6-2）。这个结果证明，农民家庭在农村的信任结构仍然以先赋性的血缘和亲缘关系为主导。排列第三位的选项是基层干部和政府，选择基层干部及政

府的比例甚至超过邻居，这说明村民对正式制度的信赖仅次于血缘关系，这个结果有些出乎我们的预料。不过，接下来村民们给出的理由，似乎能够解释他们信任基层干部和政府的原因。

表 6-2　最信任的网络类型

信任网络	第一次答案		第二次答案		第三次答案		答案累计	
	频率	%	频率	%	频率	%	累计频率	%
亲戚	84	39.7	79	45.4	52	34.7	215	40.1
家人	74	34.9	71	40.8	51	34.0	196	36.6
邻居	21	9.9	2	1.1	11	7.3	34	6.3
基层干部及政府	17	8.0	16	9.2	26	17.3	59	11.0
全都信任	7	3.3	—	—	—	—	7	1.3
自己	5	2.4	3	1.7	1	0.7	9	1.7
无	3	1.4					3	0.6
获致性关系	1	0.5	3	1.7	9	6.0	13	2.4
合计	212	100.0	174	100.0	150	100.0	536	100.0

有 116 人明确回答了信任的理由（见表 6-3）。与信任对象以血缘和亲缘为主相对应，村民给出的解释中，信任的第一位原因是“至亲，血缘关系”。紧跟着是“经常交往，了解”，这个主要是信任邻居的理由，同样是基于熟悉的私人关系的信任。第三位理由是“国家政策好，干部了解政策”。这解释了村民对基层干部和政府的信任之所以超过对邻居的信任，是出于对中央政策的信赖。他们认为现在的政策越来越好，没有理由不相信国家政府，而基层干部负责传达上面的政策，村民依赖他们解读和传递政策信息。有的村民信任基层干部的原因是因为“干部领导工作，有干部才能（把大家）组织起来”、“（村）干部是选出来的”以及“干部实事求是，为百姓着想”，这些都说明目前的农民存在建立普遍信任的基础，只要提高干部的公正可信程度，就能顺利建立制度型的普遍信任，提高农村社区的社会资本水平。

表6-3 信任的理由(答卷人:116)

信任的网络	信任的理由(按比例由高到低排列)
父母子女及兄弟姐妹	1. 至亲,血缘关系; 2. 一起长大; 3. 什么事情都靠得住
邻居	1. 经常交往,了解; 2. 远亲不如近邻
基层干部及政府	1. 国家政策好,干部了解政策; 2. 政府力量最强大; 3. 解决实际问题; 4. 干部领导工作,才能组织起来; 5. 干部能带来好处; 6. 干部实事求是,为百姓着想; 7. 干部是选出来的
妻子	妻子最亲近
朋友	关系好,靠得住
全都信任	1. 和谐社会; 2. 都心好; 3. 都熟悉; 4. 我信任别人,别人才能信任我

(三)最不信任的网络及其不可信的理由

农民们普遍不太愿意回答不信任谁的问题,接受调查的235人中,只有173人肯表明态度。表6-4显示,58人宣称自己没有不信任的人,占33.5%;31人明确表示不相信陌生人,占17.9%;不信任的第三位是干部,有21人表示信不过基层干部,村干部、镇干部和县干部被提及的次数分别为19、14和1次(13人同时信不过村干部和镇干部)。对后天的获致性关系表示不信任的有18人,这些关系主要包括工友、同学、师徒、战友、不给工钱的老板和网友。13人信不过亲戚,包括妻子的兄弟姐妹、岳父母、自己的兄弟和其他亲戚。此外,最不信任的对象还包括邻居和品行不好的人。这些品行不好的人包括借钱不还的人、干过坏事的人、说白话的人、品行差的人和社会上的生意人。有1个不信任家人的人,是不信任自己的妻子。有人指出只要是外面的人都不可信,无论认识与否。也有人说外面的女性会骗人,不可信。总体上,除了对陌生人、干部和一些后天的关系不信任的比例较高之外,农民们对其他各种关系较少不信任。这里出现一个富有时代特征的关系,就是网友,是一个27岁的农民工提出的。访问对象中还有一些上网的人,但是没有给出这样的答案,也许要专门针对网友询问,才能获得网友信任度的数据。

表6－4　最不信任的关系及理由(人,百分比)

最不信任的网络	频率	百分比	不信任的理由	频率	百分比
没有	58	33.5	大家都一般	58	44.6
陌生人	31	17.9	陌生,不了解	24	18.4
干部	21	12.1	交往发现不值得信任	24	18.4
获致性关系	18	10.4	品行差,干过坏事	10	7.7
亲戚	13	7.5	干部说一套做一套	8	6.1
邻居	11	6.4	有宗教信仰	2	1.5
品行不好的人	10	5.8	外地生意人	1	0.8
自己	3	1.7	太虚拟	1	0.8
说不清	3	1.7	女人会装病骗人	1	0.8
有宗教信仰的人	2	1.2	外地人,无论认识与否	1	0.8
外面的女性	1	0.6			
外面的人,无论认识与否	1	0.6			
家人	1	0.6			
合计	173	100.0	合计	129	100.0

本调查对于不信任的原因采取了开放式的问答,只有129人给出了不信任的理由。表6－4对答卷人给出的理由进行了归纳。其中,44.6%的人认为“大家都一般”,意思是说大多数人既不是很可靠也不是很不可靠,都是一般可信程度的人,所以不足以信任。“陌生”与“(通过)交往发现不值得信任”并列第二位,分别占18.4%。后者表明熟悉并不等于信任,证明中国人并非无原则地相信熟悉的人。“品行差,干过坏事”是第三位原因。对社会上那些品行差的人,答卷人并不一定直接与他们发生过联系,只是听说他们声誉不好、做过坏事而觉得难以信任。声誉是基于行动者过去的表现,预测其未来可能的行为反应,它是一种重要的信任基础。不信任干部的理由很简单,就是干部们“说一套做一套”,该理由排名第四位,干部的声誉差也可见一斑。表6－4所列原因中,“有宗教信仰的人”和“外地生意人”,同样是由于声誉差导致人们的不信任。前者是由于邪教蛊惑害人的许多事实导致其失去信任;后者是生意人不诚信、奸诈狡猾的传统和现实形象,加上来自外地的陌生性质,造成

其信用的丧失。对陌生人的不信任,除了不了解不敢轻信之外,还有一个重要原因是许多骗子利用人们的善心行骗,导致陌生人作为整体声誉的下降。我在重庆某建筑工地上访问一名女性民工的时候,她表现出高度警惕,对我询问其家庭信息深表怀疑:"你问这些干什么啊?不会是将来拿着这些东西到我的家乡骗人吧?"幸亏我带着学生证和工作证,她的包工头丈夫显然对我的证件表示信赖。这从一个侧面说明人们对正式制度的普遍信任,并且只有正式制度才是建立普遍信任的最后保障。

互联网的迅速发展是这个时代的新生事物,它可以超越时空的限制,并且正在急速改变着人们之间的社会联系和交往方式。林南对电子网络时代社会资本的重要性充满着信心与期待。他认为,互联网的扩展性、亲密性和超越时空性,带来了"由电子网络所代表的社会资本的革命性上升时代",可以"大胆地驳斥社会资本正在下降的观点","我们正在进入一个社会资本在意义与影响上将会很快超过个人资本的新时代"①。但是,正如我们所看到的,网络的虚拟使其可信度大打折扣。互联网虽然提供了更多的交往途径和可能性,但是它对社会资本的促进与个体的人力资本是密不可分的。如何正确使用互联网,准确地传播和获取可用的信息,都需要个体具备较高的甄别能力和技术水平。在很大程度上,虚拟空间是现实社会的映射和延伸。互联网一方面具有"平等化的效应",另一方面也具有马太效应,它可能扩大贫富差距,"沿着社会经济地位、种族、宗教和居住地的方向使人们产生进一步的分化"②。当城市里受过良好教育的人们已经在互联网上扩展其社会资本的时候,大多数农民还没有摸过电脑。总之,互联网会从各个方向改变现实社会的人际网络和社会资本,它对农民内部的分化、农民与市民的分化究竟如何发生作用,还需要搜集大量的数据进行专门研究。

---

① 林南. 社会资本——关于社会结构与行动的理论[M]. 张磊,译. 上海:上海人民出版社,2005:214-216.

② 同上书:218-219.

(四)人际信任及其变化

在考察和测量社会信任的时候,要注意区分不同形式的社会信任,切不可轻易下结论。所谓信任,要在不同的场景下来讨论。从这点上来说,信任确实如多依奇所言,会根据条件的改变而改变。当不涉及较大的切身利害关系时,大多数人都相信普通人的善良,很自然地认为周围的人值得信任,诸如帮个小忙,相互借一些不贵重的小物品。以下的数据来自我们2010年在重庆大足县的52户调查。对于"你认为你的近亲大部分值得信赖吗"、"你认为熟人大部分值得信赖吗",肯定的回答均在95%左右;并且80%以上的人认为社会上大多数人是值得信赖的(见表6-5),这与前面提及的林聚任等人的研究结果截然不同,他们在山东的调查结论是一半以上的人认为大多数人不值得信任。但是,当行动牵涉到明显的利益关系时,一般人都会仔细掂量,甚至会突然觉得大多数人都是靠不住的。比如,当涉及大额资金往来的时候,农民会慎重衡量其风险,只借给那些家境不差、有信用的近亲,或者非常可靠和往来密切的朋友;如果借款对象家境较差,即使对方是自己的表兄、借贷金额只有2000元,也会要求对方支付利息。资金往来中借给近亲是最普遍的情况,就调查来看,主要的借款对象首先是兄弟姐妹,其次是女儿女婿;借给朋友的并不常见,一般只发生在那些家境较好、能力较强、朋友在其社会网络中占据重要地位的家庭中。农民这种看起来前后自相矛盾的判断,并非是他们在回答信任问题时不够诚实或未经思量,而是由于人的理性在不同场合下表现出来的程度和形式都各有不同,同时也说明信任这个概念内容丰富,很难找到科学的指标加以精确衡量。

表6-5　对各种人群是否信任

	近亲是否值得信任		熟人是否值得信任		陌生人是否值得信任		多数人是否值得信任	
	频率	百分比	频率	百分比	频率	百分比	频率	百分比
是	49	94.2	50	96.2	14	26.9	43	82.7
否	3	5.8	2	3.8	38	73.1	9	17.3
合计	52	100.0	52	100.0	52	100.0	52	100.0

人类既不是完全理性的，也不是完全感性的，而是有限理性的。总体上，如果考虑的时间足够长，涉及的利益足够大，一般而言，人们都是理性的。因此，虽然82.7%（见表6-5）的村民回答绝大多数人都值得信任，却仍然有73.1%（见表6-6）的人认为大多数人都只关心自己的利益。前者可以解读为人们相信大多数人都不是坏人，主观上都有与周围人群合作的意愿；后者则可以解读为，人们也清楚认识到理性和利益在人际交往中的重要性。

认为陌生人可以信任的比例，在此次调查中达到26.9%，远高于林聚任等人2003—2004年在山东农村的调查结果（2%）[①]。对于"您认为大多数人值得信任吗"，本调查有82.7%的人给出了肯定的回答，同样远远超过林聚任等人的结果（51.7%）[②]。认为人们只关心自己利益的人占绝大多数，既透露出人们对社会现实比较功利的无奈，也说明现代人是经济理性的主体，理性本身显得有些冰冷，但是仅凭热情盲目相信人性的善良，只会加剧信任水平的不稳定，完全无助于社会资本在长期的增长。

表6-6还显示，大多数答卷人（86.5%）遇到困难时能够得到别人的帮助。在经济理性的前提下来解释这个指标是很振奋人心的，它说明人们在追求自身物质利益时，并没有放弃帮助他人，大家都乐意经营社会资本这张"信用卡"。答卷人在回答这个问题的时候心理有些微妙，因为我们刚刚问过"人们是否只关心自己的利益"，紧接着就询问当他遭遇困难时是否总有人相助。虽然他们当中多半都回答了"大多数人只关心自己的利益"，但是听到后面这个问题的反应却都是"那是，总是有人帮助我"，显露出自豪的神情：之所以总有人相助，是因为我人缘好或者有能力。无论是回答者想要彰显自己的能耐还是其他原因，都说明这方面的社会资本水平是比较高的。63.5%的农民遇到鸡鸭走失的情况，总会有村邻帮忙寻找或者找到送回来，至少说明大多数人并非唯利是图或者冷漠自私，邻里之间的相互合作还是比较顺畅的。人们通过自己为他人贡

① 林聚任，等．社会信任和社会资本重建——当前乡村社会关系研究［M］．济南：山东人民出版社，2007：159．

② 同上书：161．

献力所能及的帮助,概括出对他人未来行为的一种期待,即期望有朝一日自己需要帮助的时候他人也能施以援手。这就是信任简化复杂社会和降低未来不确定性的功能。

表6-6 遭遇困难是否有人相助

	人们是否只关心自己利益		你遇到困难是否总有人相助		鸡鸭走失是否有人帮助寻找送回	
	频率	百分比	频率	百分比	频率	百分比
是	38	73.1	45	86.5	33	63.5
否	14	26.9	7	13.5	19	36.5
合计	52	100.0	52	100.0	52	100.0

是否上当受骗的样本除了大足县的52例外,还增加了在成都调查的11个农民身份的白领,共63个样本。回答有上当受骗经历的有17人,占27.0%。其中,白领的受骗比例仅12.5%,而农民及普通农民工的受骗比例为29%,但是都远低于林聚任等人调查的62.1%①。其中,农民遭遇上当受骗的场合主要发生在市场买卖当中,占一半多;并且又以买到假劣的种子、树苗和化肥以及短斤少两的情形为主,说明农村的市场需要更好的规范治理。农民工上当受骗的背景主要是被老板欠工钱(第一位)、工友欠债不还和被陌生女人装病骗钱,不过这些经历都已过去数年,近几年鲜有这样的事情发生。

表6-7 人际信任变化情况

	频率	百分比	累积百分比
变好	49	79.0	82.7
没变	6	9.7	94.2
变差	7	11.3	100.0
合计	62	100.0	

① 林聚任,等. 社会信任和社会资本重建——当前乡村社会关系研究[M]. 济南:山东人民出版社,2007:161.

表6－7显示，被调查者认为人际之间信任水平变好的达79%，比起大多数学者对当今时代人际信任忧心忡忡的态度来，这个数据要乐观多了。认为人际信任变差的仅占11.3%，远低于有受骗上当经历的比例（27%），说明人们并不因为偶然的遭遇就否定对社会的信心。由于那些受骗经历多发生在20世纪90年代至21世纪初，近些年的情况明显好转，所以大多数人会感觉到人际信任水平在向着好的方向发展。

（五）陌生人信任的影响因素分析

仍以大足县的52个农户为研究对象，对陌生人信任水平与各种个体特征进行相关分析，发现陌生人信任度与答卷人年龄呈现显著的正向线性关系，二者的pearson相关系数为0.347（见表6－8），即年龄越大，认为陌生人可以信任的比例越高；与答卷人非农从业地点和答卷人学历呈负相关，与家庭是否有借款给亲友呈正相关，不过后面几种线性关系在统计上不显著。

表6－8　答卷人年龄与陌生人信任的相关性

		答卷人年龄	答卷人非农地点	是否亲友欠	答卷人学历
陌生人信赖否	Pearson 相关性	0.347**	－0.572*	0.243*	－0.197
	显著性（双侧）	0.012	0.084	0.082	0.162
	N	52	52	52	52

注：*、**表示在0.1和0.05的水平（双侧）上显著相关。

对比分析各种特征的陌生人信任水平（见表6－9）。出乎意料，党员干部家庭信任陌生人的比例（18.2%）远低于普通村民家庭（29.3%），且调查的3户干部家庭一致认为陌生人不可信任。人均收入与陌生人信任水平并非线性的关系。中等人均收入水平（样本的人均收入均值为5980元）的家庭，即人均收入[4000，8000]元的家庭，对陌生人最警惕；相反，收入偏高或偏低的人群，对陌生人有比较高的信任程度。是否换工与是否信任陌生人之间有一定的关系。其中，换工的家庭信任陌生人的比例为31.0%，比不换工的家庭高，后者是22.7%。年龄与陌生人信任水平是显著的正相关关系，60岁以上信任陌生人的比例达到50%，40至60岁之间的陌生人信任比例降到18.8%，40岁以下的人则一致认为陌生人不可信任。小学及以下学历的人信任陌生人的比例(34.5%),远高于初中以上学历人群的(17%左右)。此外,男性比女性、户主比其他成员、兼业的比纯务农的,对陌生人的信任水平较高,但是区别不是很明显。

表6-9　各种特征组的陌生人信任水平

		陌生人信赖否		合计
		否	是	
家庭政治面貌	党员干部家庭	81.8	18.2	(11)100.0
	普通村民家庭	70.7	29.3	(41)100.0
家庭人均收入	4000元以下	66.7	33.3	(21)100.0
	[4000,8000]元	89.5	10.5	(19)100.0
	8000元以上	58.3	41.7	(12)100.0
家庭换工与否	换工家庭	69.0	31.0	(29)100.0
	不换工家庭	77.3	22.7	(22)100.0
答卷人性别	男	71.1	28.9	(38)100.0
	女	78.6	21.4	(14)100.0
答卷人年龄	40岁以下	100.0	0.0	(4)100
	[40,60]岁	81.2	18.8	(32)100
	60以上	50.0	50.0	(16)100
答卷人身份	户主	70.3	29.7	(37)100.0
	配偶及其他	80.0	20.0	(15)100
答卷人政治面貌	普通村民	73.3	26.7	(45)100.0
	党员	60.0	40.0	(5)100.0
	村干部兼党员	100.0	0.0	(2)100.0
答卷人职业	纯务农	73.8	26.2	(42)100.0
	兼业	70	30	(10)100.0
答卷人学历	小学及以下	65.5	34.5	(29)100.0
	初中	82.4	17.6	(17)100.0
	高中及以上	83.3	16.7	(6)100.0

继续分析党员干部家庭陌生人信任度低的原因(见表6-10)。党员干部家庭的人均收入分布在4000~8000元的占27.7%,低于普通村民家庭分布在这个区间的比例(30.5%),基本可以排除收入的影响。党员干部家庭的平均学历、答卷人是户主的比例和答卷人平均年龄三项均超过

普通村民家庭，由于户主与年龄都与陌生人信任水平正相关，因此，党员干部家庭陌生人信任水平低的原因不能排除学历的影响。结合上述分析，对党员干部家庭陌生人信任度低的可能解释是，较高的文化程度与政治身份可能使他们接触或认识到更多陌生人不可信的案例，因而降低了对陌生人的信任度。

表 6 – 10　不同政治面貌的几种特征

是否党员干部家庭	人均收入（元，百分比）			成人平均上学年限（年，人）		答卷人年龄（岁，人）		答卷人身份（百分比）	
	4000 以下	4000—8000	8000 以上	均值	频率	均值	频率	户主	其他
是	11.7	27.7	60.6	6.78	41	53.90	41	72.7	27.3
否	18.4	30.5	51.0	7.54	11	55.18	11	70.7	29.3
总计	16.5	29.7	53.8	6.94	52	54.17	52	100.0	100.0

（六）人均收入与各种信任水平的关系

表 6 – 11 反映出，认为各种人群（近亲、陌生人、多数人）值得信任的家庭，其人均收入均值明显高于认为这些人群不值得信任的家庭。其中，认为近亲不可信的家庭，人均收入仅为信任家庭的 63%；认为多数人不可信的家庭，人均收入是信任家庭的 77%。人均收入与信任水平之间的这种关系，仍然可以解释为人的理性。人对周围世界的态度很大程度上来自自身的经历。我们在调查中发现，收入较低的家庭，无论是从近亲那里，还是从与之交往的大多数人那里，能获得帮助的概率都低于收入高的家庭。这也说明，中国人并不是对近亲无条件地一律信任，而是在理性判断的基础上给予近亲程度不等的信任。本书在这里的解释有明显的倾向性，即：人均收入影响人们对周围世界的信任水平。这种倾向貌似有些武断。人均收入与信任水平的因果关系究竟是什么方向？是人均收入水平高、生活富足带来对周围世界的信任，还是对周围世界的信任增加了社会资本，从而带来合作、机会和高的人均收入？如果是后者，那么同一地域的不同个体一开始为什么对周围世界有不同的信任水平？这个逻辑也许要同时使用文化习俗和演化博弈论来解释。一方面，在同一文化规范中的个体对周围世界的态度主要来自社会化过程中的习俗和模仿；另一方

面，个体在成长的过程中会与周围世界发生不同的关系，通过不断地试错和调整，这个社会化过程中发生的一切都会对其最终的态度产生影响，达到一种适应性均衡。就前者而言，同一规范中的个体得自教化的信任水平是相当的；就后者来说，则由于不同的人生际遇而导致不同的信任水平。这是一个动态的过程。就某一个断面的静止状态来讲，收入和生活水平是影响人们价值观和人生态度的重要原因，也是影响信任水平的关键因素，而不是相反。

表6－11　人均收入与几个信任指标（元，人）

是否值得信赖	近亲是否值得信赖			陌生人是否值得信赖			多数人是否值得信赖		
	人均收入均值	频率	标准差	人均收入均值	频率	标准差	人均收入均值	频率	标准差
否	3846	3	1601	5892	38	4588	4810	9	4240
是	6111	49	4612	6219	14	4479	6225	43	4582
总计	5980	52	4517	5980	52	4517	5980	52	4517

第二节　家庭教育对孩子社会化的引导

社会资本虽然可以在群体成员重复的交往中形成和巩固，但是最初的交往仍然需要最低限度的信任才能够启动。“如果社会中的社会资本非常有限的话，那么诸如此类纵横交错的群体从一开始就不可能形成。”既然如此，社会是如何克服引导程序的问题，以解决最低限度的信任呢？怀特利认为是“个体的人格和道德密码”，它们是“由家庭内部的社会化过程形成的”，“从早年生活中习得的一组内化了的价值观”，以及由“‘想象的’社群的成员身份创造的”①。怀特利通过实证研究发现，道德指数

① 保罗·F. 怀特利. 社会资本的起源[A]. 李惠斌，杨雪冬. 社会资本与社会发展[C]. 冯仕政，编译. 北京：社会科学文献出版社，2000：53.

在影响社会资本的诸因素中名列第三位，“这意味着那些具有强烈道德价值观的比那些没有此种价值观的个体更信任他人”①。正如普特南和福山所特别强调的那样，文化规范在社会资本中，尤其在社会资本的信任中占有重要地位。虽然本书认为福山的信任与经济规模之间关系的理论有缺陷，但是并不否认他的理论有正确的一面。从日本的“3·11”大地震可见一斑。日本普通民众在避难和撤退中临危不乱、井然有序，每个人都自觉遵守秩序，让出通道以免阻碍交通，没有任何一个人乱扔垃圾或者在公共场合吸烟，也没有任何一个人在取饮用水和打电话的时候不排队。面对食物紧缺，没有一个商家哄抬物价。唯有如此，人们才能在大规模的避难和撤退的场景下保持秩序，减少障碍和混乱。因此，可以在一定程度上支持普遍信任和规模之间关系的论点。如果没有这种普遍信任存在，人类的弱点在这种灾难中必定暴露无遗。中国的“5·12”大地震就是一例。面对食物、饮用水和帐篷的短缺以及质量的参差不齐，发放这些资源的干部会有私心，把好的留给自己或者亲友；或者干部自己没有私心，但是不知道用什么标准分配才能让群众相信自己的公平，干脆暂且搁置物资，而这个情况如果被外界得知，无论是上级、捐献物资的志愿者或等待救援的灾民，还是媒体和普通公众，都会纷纷指责干部。特殊信任在这种场合就会造成人与人之间的关系有亲疏远近，形成小团体，社会资本只有利于那些能够控制资源的人群，从而严重削弱集体社会资本。

作为社会资本得以形成和运作的规则，文化规范是从人的社会化中习得的。家庭、学校和社会共同完成了人的社会化过程。父母长辈在教育后代的时候秉持积极的观念，对引导孩子发扬人性的光辉、克服人性的弱点，正确处理与他人和社会的关系，都具有重要的意义。

由于时间的限制，本节只选择了重庆大足县高升镇的52个样本作为研究对象。表6-12的统计结果表明，第一选择中，“忍让和尊重别人”

① 保罗·F. 怀特利. 社会资本的起源[A]. 李惠斌，杨雪冬. 社会资本与社会发展[C]. 冯仕政，编译. 北京：社会科学文献出版社，2000：68-69.

在十个选项中高居榜首，达 80.8%。体现出中国人克己和让人的美德，有形成普遍信任的道德基础。其他两项——“好的行为举止”和“守纪律”，也是关注“修己”的方面。三个答案都体现出家庭教育对后代德性的重视。在各次选择累积相加后，“勤俭”、“忍让和尊重别人”被当做最重要的品质，二者的比例相当，分别为 16.9% 和 16.5%。其次是“好的行为举止”、“工作努力”和“守纪律”，分别占 14.6%、13.8% 和 13.4%。这五项合计占 75.2%。可见农民在培养孩子的过程中，把能力的培养放在第一位，并且把遵守纪律、与人友好相处作为与能力旗鼓相当的品质，有助于培育普遍信任的社会资本。

表 6－12　教育孩子最注重的品质（人，百分比）

	第一选择		第二选择		第三选择		第四选择		第五选择		累计选择	
	频率	百分比	频率	百分比	频率	百分比	频率	百分比	频率	百分比	频率	百分比
忍让和尊重别人	42	80.8									42	16.5
好的行为举止	7	13.5	30	57.7							37	14.6
守纪律	3	5.8	13	25.0	14	27.5	4	8.0			34	13.4
独立			4	7.7	17	33.3	1	2.0			22	8.7
有想象力			2	3.8	1	2.0	3	6.0			6	2.4
勤俭			2	3.8	15	29.4	22	44.0	4	8.2	43	16.9
工作努力			1	1.9					34	69.4	35	13.8
有耐心					4	7.8	7	14.0	3	6.1	14	5.5
大公无私							13	26.0	7	14.3	20	7.9
有宗教信仰									1	2.0	1	0.4
合计	52	100.0	52	100.0	51	100.0	50	100.0	49	100.0	254	100.0

第三节　文化规范与传统社会资本

文化包括意义、象征、价值观和观念，也包含宗教、意识形态等现象。按照扬(Young)的定义，社会规范是“一种习惯性的、预期的和自我实施的行为方式，每个人都遵守它，每个人也都希望别人遵守它，并且在给定其他人遵守的情况下，每个人都遵守它”[1]。福山在《信任：社会美德与创造经济繁荣》一书中，把文化定义为“继承而来的伦理习惯”，它既“可以由一项观念或价值观形成”，也“可以由一种实际的社会关系而形成”。他认为，塑造文化的习惯中，最重要的习惯与社会赖以规范成员行为的伦理法则，即一个民族的“是非善恶”关系紧密。这些是非善恶感是人们通过家庭、邻里和学校生活的教化，通过形象、习惯和社会舆论传递的[2]。文化作为一种道德习惯，它的变化大大慢于观念的转变。人类“从根本上来说是自私的，他们理性地追求自身利益，但是他们的道德感使他们感到对他人负有义务”，“反复演练、传统和模仿使人们所遵循的高度发达的道德准则得到滋养”。这些文化道德准则“可能是理性认同的产物，但是它们却作为不理性的生活习惯代代相传”[3]。韦伯在美国旅行时，发现许多商人自我介绍的时候喜欢说自己是某一宗派的基督教信徒，以此来证明自己是诚实而值得信赖的[4]。因此，共同的文化或宗教是人们之间相互认同的一个简明且易于操作的判断标准。它使得人们能够预期他人对事物的判断和可能的反应，降低不确定性和增强信任。

文化不是一劳永逸地发生影响，而是一个持续运作的过程，在社会互动的进程中持续不断地被建构和重构。文化虽然更多的以风俗习惯的形式机械地传承下来，但是它在传递过程中也会受到经济、政治、社会等各

---

① Young. The Evolution of Conventions[J]. Econometriea, 1993, 61: 57 – 84. 转引自：王小明. 社会资本的经济分析[D]. 上海：复旦大学博士论文, 2008: 60.

② 弗朗西斯·福山. 信任：社会美德与创造经济繁荣[M]. 彭志华，译. 海口：海南出版社，2001: 34 – 35.

③ 同上书：41.

④ 同上书：45 – 46.

种因素的影响，被这些因素改变和重构，并且只有顺应时代需要的文化，才能延续和繁荣。中国人的信仰和观念主要表现在对祖先和神灵的崇拜，以及由此表现出来的鬼神观、生死轮回观和报应观等观念上面，这些观念影响着他们对人际关系的处理，因而属于社会资本规范的内容。这些观念目前表现出何种状况？时代的变迁究竟对它们有什么样的影响？这是本节要解决的内容。

一、儒家思想中的祖先、神灵、祭祀与社会秩序

复杂的人性中有自私、邪恶的一面，需要加以引导和规范。鬼神观、生死轮回观和报应观是中国传统文化借以规范人类行为的重要内容。敬畏鬼神，相信善恶有报和生死轮回，能够抵御人性中的邪恶力量。中国几千年来，鬼神观念深入人心。虽然儒者中出现过如王充、范缜等著名的无神论者，儒教历史上无神论与鬼神论也曾长期论战和争辩，但无神论者始终显得形单影只，被时人当做异端邪说，在世人中影响甚微。有学者认为孔子是无神论者，因其主张对鬼神“敬而远之”。也有学者认为，孔子处在那样的时代，不可能对天地鬼神完全没有畏惧之心。因为在先秦时期，人类的力量在大自然的面前还很弱小，面对大自然的威力而产生恐惧是十分自然的表现，持有天人感应的宗教观念也是历史的必然。但是，作为一个思想家，在其思想体系中把鬼神天地置于何等地位，却是孔子经过理性思考之后的安排。“德国哲学家康德说：‘尽管恐惧最初能够产生出诸神（神魔）来，但理性借助于它的道德原则才第一次产生了上帝的概念。’所以，对于孔子这样的思想家来讲，相信天地鬼神，是经过了理性思考的，对上古及殷、周传承下来的宗教观念经过系统、深入的改造之后，才纳入儒家政治哲学体系之中。”①还有人认为孔子本身并不是有神论者，他对鬼神是持半信半疑的态度，但是他认为事神祭鬼是古代传下来的礼乐制度的构成部分，是实现其复礼主张不可缺少的内容，因此采取了维护的

① 欧阳祯人．孔子的宗教思想研究——从《鲁邦大旱》说起[A]．李存山．中国儒学（三辑）[C]．北京：中国社会科学出版社，2008：213．

态度①。

无论孔子本人是否相信鬼神的存在，我们都可以确定：作为一种安邦治国的思想体系，儒教需要鬼神的存在。礼，是儒教治国的最重要手段。礼分五种，祭礼是其中最重要的一种。《礼记·祭统》用一句话明确表达了儒教与政治的关系②：

凡治人之道，莫急于礼。礼有五经，莫重于祭。

礼教是将一系列的价值观念，通过各种仪式的反复操演，以培养个人德行、规定人际关系和协调社会矛盾的教义和规则。它不仅要求人们接受其价值观念，而且要求人们把它们贯穿在日常生活中，成为一种习惯。通过“习”来引导人们自觉遵守社会规则，恪守自己的本分，减少与他人和社会的摩擦，以此维护社会的秩序。

正统的儒教祭祀制度把宗庙作为死后灵魂的正常归宿，因而“为之宗庙，以鬼享之”(《孝经·丧亲章》)，即建立了宗庙，把死者作为鬼加以祭祀，并未有祭祀坟墓之事。对坟墓的祭祀是世俗社会出于各种实际需要，几起几落之后，经过唐宋时代，遂形成春秋两季拜祭坟墓并借此踏青游春的活动。由于鬼神的存在，儒教制订了一系列的祭祀原则和制度，它们构成了儒教礼仪的主要成分。儒教认为，在规定以内的祭祀，就应当是有福的。哪些是应该祭祀的对象呢？“神不歆非类，民不祀非族”(《左传·僖公十年》)。也就是说，神不享受不该自己享受的祭祀，民不祭不该自己祭祀的鬼神。哪些该祭，哪些不该祭，其标准是礼；礼的根据，是血缘亲属关系的远近。假如祭祀不该自己祭祀的鬼神，就是谄媚，“非其鬼而祭之，谄也”，(《论语·为政》)因为这就像在人世谄媚他人③。儒教的祭祀礼仪与其宗法制度高度一致，严格按照血缘关系的亲疏远近来规定人与鬼的关系。正因为儒教规定了只能祭祀自己的祖先，不能由没有血缘关系的人代为祭祀，所以每个家庭有男性

---

① 朱俊艺. 孔子天命鬼神思想研究[D]. 上海:上海师范大学博士论文,2010:6.

② 李申. 儒教的鬼神观念和祭祀原则[J]. 上海:复旦学报(社会科学版),2007(4):47-53.

③ 同上.

子孙扫墓祭祖就显得格外重要。

祭祀的态度要虔诚，即“敬”。要做到敬，首先要有高尚的道德：

上则顺于鬼神，外则顺于君长，内则以孝于亲，如此之谓备。能备然后能祭。是故贤者之祭也，致其诚信，与其忠敬……诚信之谓尽，尽之为敬。敬、尽然后可以事神明。此祭之道也。（《礼记·祭统》）

儒教最初把敬多用于事君事亲和事奉鬼神，到了宋代，程朱理学则把敬的原则贯彻于人生的一切方面，要求人们时时刻刻都要像面对着上帝，都要以诚敬的心情检点自己的行为①。儒教宣称“敬、尽然后可以事神明”，引导人们首先要“外则顺于君长，内则以孝于亲”，要“诚信”，才是对祖先的尊敬。从君主到百姓，人们信奉神灵，才会约束自己的行为，所以礼教通过神灵的神秘力量既可限制君权滥用，又能教化凡夫俗子安分守己，使整个社会有序而稳定。

二、鬼神观、生死观和报应观与农户经济行为

鬼神观、生死轮回观和报应观是密切联系的几种观念。报应观分为佛教的报应观和儒家的报应观。佛教果报观强调自业自报、自作自受，不会给家庭、家族带来报应，六道轮回、业果相续均发生在作业者个人身上。儒家报应说是在顺应中国上古以来已经存在的报应观中逐步形成的，它的特点不是业报、自身报，而是由上帝鬼神赏善罚恶；报应方式不是三世报，而是现世报和子孙报，评判善恶的标准是伦理道德；其思想根源是宗法制度，核心是血缘关系。以“孝”为核心内容的三纲五常伦理道德是儒家报应观的准则。凡是符合儒家三纲五常伦理道德要求的则为善，反之则为恶。佛教传入中国之后，在本土化的过程中纳入儒家的现世报和伦理道德标准，使其果报观适应中国的土壤，因此得以在中国扎根，深入影响到老百姓的精神世界②。中国的老百姓即使认为善恶不一定会报应在

---

① 李申．儒教的鬼神观念和祭祀原则[J]．上海：复旦学报(社会科学版)，2007(4)：47－53.

② 赵春娥．儒佛果报观异同之比较——兼谈佛教的本土化[M]．青海民族研究，2008(7)：79－83.

自己身上，也会担心报应到子孙后代的身上，因此他们宁愿相信善恶有报，为了子孙后代的幸福而行善积德。

（一）几种观念的统计结果

对于人是否有来生、世上是否存在鬼神，绝大多数人都给出了否定的回答，否定的比例分别占 84.1% 和 91.0%。但是相信善恶有报的人还比较多，占 38.5%（见表 6－13）。这说明尽管很多人都已不再相信人死后会有来生，却相信因果报应。

表 6－13　几种观念的统计结果（人，%）

是否有来生	频率	百分比	是否信鬼神	频率	百分比	是否善恶有报	频率	百分比
否	265	84.1	否	282	91.0	否	187	60.5
是	49	15.6	是	27	8.7	是	119	38.5
说不清	1	0.3	说不清	1	0.3	说不清	3	1.0
合计	315	100.0	合计	310	100.0	合计	309	100.0

（二）非农时间与几种观念的关系

表 6－14 显示，答卷人的非农就业时间长短，与是否信鬼神显著相关（在 0.05 的水平上），与其他几种观念的相关性均不具有显著性。三种观念之间相互呈现显著的正相关性，它们在很大程度上相互依存，因为它们都是对某种神秘力量的信赖，同属于人类在知识不能到达的地方，依赖于超自然力量来预测未知世界。

表 6－14　几个相关性

		信来世	信鬼神	信因果报应	答卷人非农时间
信来世	Pearson 相关性	1	0.305***	0.304***	-0.048
	显著性（双侧）		0.000	0.000	0.419
	N	315	310	309	291
信鬼神	Pearson 相关性	0.305***	1	0.348***	0.133**
	显著性（双侧）	0.000		0.002	0.024
	N	310	310	307	287

续表

		信来世	信鬼神	信因果报应	答卷人非农时间
信因果报应	Pearson 相关性	0.304 * * *	0.348 * * *	1	-0.078
	显著性(双侧)	0.000	0.002		0.192
	N	309	307	309	285

注：* *、* * * 表示在 0.05、0.01 的水平(双侧)上显著相关。

继续分析不同鬼神态度的非农就业时间(见表 6-15)。相信有鬼神的人，非农就业时间很短，均值为 1.8 个月；不相信有鬼神的人，非农就业时间均值为 3.4 个月，略低于前者的 2 倍。这说明生产方式会改变人类的鬼神观念。

表 6-15　不同鬼神观的非农就业时间(月)

是否信鬼神	均值	频率	标准差
是	1.8	27	3.23839
否	3.4	259	4.24776
说不清	12.0	1	
合计	3.2289	287	4.20840

(三)其他特征与几种观念的关系

按照年龄分组统计(见表 6-16)，56—65 岁的人群不相信因果报应的比例最大，达 66.7%；其次是 40 岁及以下人群，为 63.6%；41—55 岁与 66 岁及以上的人群不相信因果报应的比例较小，均为 56%。因果报应观念没有按照年龄的变化呈现出固定的趋势特征。本书推测，由于 56—65 岁人群刚好是伴随着新中国成长起来的一代人，他们经历了破四旧和无神论的广泛深入的宣传讨论，因此刚好在各个年龄段人群中显现出最不相信因果报应。40 岁及以下的人是 1968—1970 年以后出生，经历了改革开放和市场经济的洗礼，所以大部分不相信因果报应是情理之中的事情。

表6－16　分年龄组的因果报应观

答卷人年龄分组	信因果报应						合计	
	否		是		说不清			
	计数	百分比	计数	百分比	计数	百分比	计数	百分比
40岁及以下	35	63.6	19	34.5	1	1.8	55	100.0
41—55岁	80	56.3	61	43.0	1	0.7	142	100.0
56—65岁	58	66.7	29	33.3	0	0.0	87	100.0
66岁及以上	14	56.0	10	40.0	1	4.0	25	100.0
合计	187	60.5	119	38.5	3	1.0	309	100.0

按照非农就业地点来统计（见表6－17），发现非农就业距离与信因果报应之间呈现两端低、中间高的趋势，即：在本村打工的和在外省打工的相信因果报应的比例低，分别为22.1%和31.6%；而在村外乡内、乡外县内、县外省内打工者相信因果报应的比例竟然恰好相等，均为42.9%，即中等距离打工者相信因果报应的较多。本书无法理解它们之间的关系纯属偶然还是一种趋势，等待后续研究考察真相。

表6－17　按答卷人非农地点分组的因果报应观

答卷人非农地点	信因果报应						合计	
	否		是		说不清			
	计数	百分比	计数	百分比	计数	百分比	计数	百分比
本村	52	76.5	15	22.1	1	1.5	68	100.0
村外乡内	8	57.1	6	42.9	0	0.0	14	100.0
乡外县内	8	57.1	6	42.9	0	0.0	14	100.0
县外省内	8	57.1	6	42.9	0	0.0	14	100.0
外省	12	63.2	6	31.6	1	5.3	19	100.0
合计	88	68.2	39	30.2	2	1.6	129	100.0

表6－18是按照学历和性别分组统计了答卷人的因果报应观。按学

历组统计，相信因果报应的比例呈现出两头高、中间低的趋势。即：初中文化的人相信因果报应的比例最低，为32.4%；小学及以下比例最高，达44.4%；高中及以上的为40.0%。继续细分下去发现，文盲组不相信因果报应的比例与初中组相当，为34.5%（N＝29）。这个现象是否说明教育对人类观念的影响不是呈现线性的趋势？按性别分组统计，女性相信因果报应的比例较大，为43.1%，超出男性6个百分点。这说明女性观念的变化速度慢于男性。

表6－18　按学历和性别分组的因果报应观

			是否存在因果报应			合计
			否	是	说不清	
学历	小学及以下	频率	74	59	0	133
		百分比	55.6	44.4	0.0	100.0
	初中	频率	89	44	3	136
		百分比	65.4	32.4	2.2	100.0
	高中及以上	频率	21	14	0	35
		分比	60.0	40.0	0.0	100.0
	小计	频率	184	117	3	304
		百分比	60.5	38.5	1.0	100.0
性别	男	频率	147	88	2	237
		百分比	62.0	37.1	0.8	100.0
	女	频率	40	31	1	72
		百分比	55.6	43.1	1.4	100.0
	小计	频率	187	119	3	309
		百分比	60.5	38.5	1.0	100.0

表6－19和表6－20是以大足县的52个农户数据为对象进行的分析。信因果报应与是否信赖近亲在0.01的水平上强烈正相关，相关系数达0.427；与人际信任变化在0.05的水平上显著负相关；与陌生人信赖、熟人信赖、只关心自己及困难是否得到帮助之间的关系不显著（见表6－19）。

表 6-19　信因果报应与几项信任指标的相关性

		陌生人是否值得信任	熟人是否值得信任	近亲是否值得信任	大多数人是否只关心自己	遇困难是否得到帮助	人际信任变化
信因果报应	Pearson 相关性	0.158	-0.118	0.427***	-0.057	0.159	0.282**
	显著性(双侧)	0.268	0.409	0.002	0.689	0.265	0.045
	N	51	51	51	51	51	51

注：**、***表示在 0.05、0.01 的水平(双侧)上显著相关。

相信因果报应的人,100%的认为近亲值得信赖,86.8%认为人际信任关系在变好。不相信因果报应的人,只有 76.9%信赖近亲,69.2%认为人际信任在变好(见表 6-20)。同样,仅凭此次调查并不能判断因果报应的信仰与人际信任之间具有某种系统的联系。

表 6-20　是否信因果报应与是否信任近亲

信因果报应	近亲是否值得信任				合计		人际信任变化						合计	
	否		是				变好		变差		没变			
	计数	百分比	计数	百分比	计数	百分比	计数	百分比	计数	百分比	计数	百分比	计数	百分比
否	3	23.1	10	76.9	13	100.0	9	69.2	0	0.0	4	30.8	13	100.0
是	0	0.0	38	100.0	38	100.0	33	86.8	3	7.9	2	5.3	38	100.0
合计	3	5.9	48	94.1	51	100.0	42	82.4	3	5.9	6	11.8	51	100.0

(四)收入与几种观念的关系

表 6-21 显示,信因果报应、信鬼神与各种收入水平之间均没有显著的相关性。但信来世与总收入、经营收入和人均收入之间均在 0.05 的水平上显著正相关,并且与人家农业外收入在 0.1 的显著水平上正相关,相关系数分别为 0.126、0.133、0.114 和 0.109。这几组相关性意味着收入水平越高,越相信人有来生。

表 6-21　几种观念与收入的相关性

		全年总收入	一产收入	家庭经营收入	人均收入	人均农业外收入
信因果报应	Pearson 相关性	0.020	-0.013	0.023	0.033	0.033
	显著性(双侧)	0.731	0.819	0.688	0.567	0.566
	N	309	308	308	309	308
信来世	Pearson 相关性	0.126**	0.070	0.133**	0.114**	0.109*
	显著性(双侧)	0.025	0.214	0.018	0.043	0.055
	N	315	314	314	315	314
信鬼神	Pearson 相关性	0.045	-0.005	0.031	0.036	0.041
	显著性(双侧)	0.428	0.936	0.585	0.522	0.470
	N	310	309	309	310	309

注：*、**表示在 0.1、0.05 的水平(双侧)上显著相关。

表 6-22 表明，不相信来世的人，各种收入水平明显低于相信来世的人。前者的全年总收入、家庭经营收入和人均收入均值分别为 50753 元、26834 元和 11588 元，后者分别为 100774 元、78769 元和 22824 元，前者分别是后者的 50.4%、34.1% 和 59.8%。本书不能判定人们对来世的态度与收入水平之间究竟是系统的联系，还是纯属巧合。人们是因为过得好所以希望有来生，还是因为过得好因此认为自己前世积德?

表 6-22　对来世不同态度的三种收入水平

信来世	全年总收入			家庭经营收入			人均收入		
	均值	标准差	中值	均值	标准差	中值	均值	标准差	中值
否(N=265)	50753	55762	35864	26834	51085	11800	11588	13001	8583
是(N=49)	100774	288011	40850	78769	292443	14600	22824	71302	9824
说不清(N=1)	21725	21725	21725	10500	10500	10500	3104	3104	3104
总计(N=315)	58442	125014	37020	34721	124078	12000	13309	30598	8750

三、宗教信仰和寺庙

(一)宗教信仰和寺庙的调查统计结果

表 6-23 表明，完全不信教的人占 89.1%，信佛教的人占 6.4%，有

5 人仅仅是拜菩萨。其实这里宣称自己信佛的人中，有的类似于拜菩萨。此外，信基督教的有 5 人。总之，信仰宗教的人非常少。

表 6－23　宗教信仰统计表

信仰何种宗教	无宗教信仰	佛教	基督教	喇嘛教	道教	拜菩萨	合计
频率	278	20	5	1	3	5	312
百分比	89.1	6.4	1.6	0.3	1.0	1.6	100.0

328 人中，217 人（占 66.2%）回答本村没用寺庙。实际上，只有 13 个村没有寺庙，对应的样本户为 67 个，其他 262 个样本家庭所在村都是有寺庙的。换句话说，有 151 人所在村有寺庙但是他们不知道。可见许多人并不关心庙宇的存在，更不会对它有什么需求。

（二）是否信教与答卷人特征及收入水平等变量的关系

表 6－24 的相关性分析显示，宗教信仰与答卷人特征及各种收入水平之间没有统计学上的相关性，但与答卷人政治面貌在 0.1 的显著水平上正相关，与非农时间在 0.1 的显著水平上负相关，并与是否换工在 0.001 的显著水平上负相关，相关系数分别为 0.098、－0.103 和 －0.212。也就是说，普通村民信教的比例更高；非农时间越长以及换工的家庭，其信教的比例更低。

表 6－24　宗教信仰与答卷人特征、收入水平的相关性

		答卷人婚姻	答卷人学历	答卷人政治面貌#	非农时间	人均收入	全年总收入	是否换工
是否信教	Pearson 相关性	－0.020	0.004	0.098*	－0.103*	－0.034	－0.037	－0.212***
	显著性（双侧）	0.727	0.937	0.085	0.081	0.551	0.519	0.000
	N	312	307	310	288	312	312	309

注：*、***表示在 0.1、0.01 的水平（双侧）上显著相关。

#答卷人政治面貌的赋值为："干部"＝1，"党员"＝2，"村干部兼党员"＝3，"普通村民"＝4。

表 6－25 显示，换工家庭不信教的比例达 94.4%，不换工家庭则为 76.8%。由于本调查信教的人数比较少，因此即使出现这样的相关性，也很难下结论说换工会减少信教的可能。经分析，宗教信仰与信任网络之

间也没有关系。要研究宗教信仰与各种变量之间的关系，需要调查宗教影响较强的地区，与影响力小的地区进行比较。

表 6－25　是否换工与宗教信仰

是否换工		宗教信仰						合计
		无	佛教	基督教	喇嘛教	拜菩萨	道教	
否	计数	73	13	2	1	4	2	95
	百分比	76.8	13.7	2.1	1.1	4.2	2.1	100.0
是	计数	202	7	3	0	1	1	214
	百分比	94.4	3.3	1.4	0.0	0.5	0.5	100.0
合计	计数	275	20	5	1	5	3	309
	百分比	89.0	6.5	1.6	0.3	1.6	1.0	100.0

第四节　本章小结

本书认为，信任是社会资本形成和运作的规则，而不是社会资本本身。不同的社会资本形式需要不同的信任方式来运转，传统的社会资本形式与特殊信任相适应，而现代的社会资本形式与普遍信任相对应。本章总结了有关信任的定义、产生和维持机制、中国社会的信任、不信任的合理性和作用以及信任的测量方面的已有研究，对当前农村社会的信任状况从多个方面进行了实证研究。研究发现，最信任的是至亲关系，最不信任的是陌生人、干部和获致性关系；95% 左右的人认为近亲和熟人值得信任，82.7% 的人认为大多数人值得信任，26.9% 的人认为陌生人可以信任，86.5% 的人遇到困难时能够得到别人的帮助，79% 的人认为人际信任在变好，但也有 73.1% 的人认为大多数人只关心自己的利益。表明村民在一般意义上普遍信任周围的人群，但是在重要事情上主要信任近亲，情感性信任与认知性信任在不同的场合下表现出不同的侧重点。总体上，男性比女性、户主比其他成员、兼业的比纯务农的、学历低的比学历高的、普通村民比党员干部，对陌生人的信任水平更高，中等收入的人群比高收入和低收入人群对陌生人的信任水平更低。

家庭在人的社会化过程中发挥着重要作用。村民的家庭教育观念中，“勤俭”、“忍让和尊重别人”被当做最重要的品质，其次是“好的行为举止”、“工作努力”和“守纪律”。可见农民在培养孩子的过程中，把能力的培养放在第一位，并且把遵守纪律、与人友好相处作为与能力旗鼓相当的品质，有助于培育普遍信任的社会资本。

本章还阐述了鬼神观、报应观和祭祀在中国传统文化中的地位及其意义，并且进行了实证研究。鬼神观、来世观和报应观这三种观念之间彼此高度正相关，而非农就业时间越长，相信鬼神、来世和报应的比例越低，说明从事非农行业能够改变人们的观念。收入水平高的人，相信人有来生的比例较大，或者说，相信有来生的人，收入水平较高。年龄、学历与观念之间都不是线性的关系，经历了新中国成立初期思想运动的人最不相信因果报应，初中文化比高中和小学文化的人不相信因果报应的更多。相信因果报应的人对近亲和人际关系有更高的信任水平。政治面貌对各种观念没有表现出明显的影响。由于样本区域信仰宗教的人很少，缺乏对比，因此不能得出宗教信仰方面的明确结论。总之，由于受教育水平逐步提高，经济地位和生活福利越来越远离靠天吃饭的被动局面，以及人口流动性迅速增加，依靠敬畏神灵和因果报应作为赏善罚恶的神秘机制以维护传统的信任和社会资本，已经越来越丧失了力量，必须转向以正式的制度系统作为明确、具体的奖赏机制，才能建立起现代社会稳定持久和普遍的信任机制与相应的社会资本形式。

CHAPTER 7

第七章

社会资本与农户经济行为：结论

上述各章对农户的社会资本从资源交换、仪式往来、情感认同、家族团结、文化规范等各个方面进行了实证研究，并对各种社会资本与农户经济行为之间的关系逐一进行了解析。在最后下结论之前，本书再从整体上对社会资本、人力资本、物质资本和家庭特征与农户经济地位的关系进行综合分析。

第一节　农户经济地位的影响因素

一、研究的主题、对象及方法

本论文的主题是农户的社会资本与经济行为，那么，社会资本与农户经济行为的结果即经济收入之间是什么样的关系？根据前面对各类社会资本与经济行为和收入的分析可以确定，社会资本必定会影响农户的经济地位。这里对农户的经济收入进行一个总体的考察，分析人力资本、物质资本和社会资本对经济收入的影响。

研究对象是前述 2009—2010 年在河南、湖北、四川和重庆四省市调查的 333 个农户家庭。由于部分变量存在缺失值，有效样本数为 305 个。研究方法是多元线性回归，采用变量全部进入的方式在 spss 中进行模型的模拟。

二、变量描述

(一)因变量

以人均收入为因变量(千元)。它等于家庭全年总收入除以家庭经济共享人口。

(二)自变量

自变量主要包括人力资本、物质资本和社会资本。人力资本既包括主体的正规教育水平、培训水平、从业经验和实际从事劳动的时间,也包括主体的创业和经营能力。首先,本研究没有调查农民的非农从业年限和培训经历,所以用受教育年限代表人力资本。由于是以家庭为单位计算人均收入,显然未成年人口的受教育程度不会对家庭的收入产生影响,因此,这里采用成人平均受教育年限代表正规教育水平。第二,经营二三产业与人均收入密切相关,因此,这里用自营及雇主人数代替经营二三产业的能力,即创业和经营能力,它是另外一种人力资本。第三,本研究以家庭为单位来计算人均收入,所以家庭中实际参加劳动的人数与非农就业时间是两个重要的人力资本指标。实际参加劳动的人数没有直接调查,以不参加劳动那部分来代替。由于农村家庭中80岁以下的老人大部分仍在从事农业劳动,而18岁以下的未成年人口一般不会参加劳动,并且80岁以上高龄的老人数极少,因此,这里用未成年人口比例代替不从事劳动的人口。所以,本研究采用成人平均受教育年限、未成年人口比例、家庭成员平均非农就业时间和自营与雇主人数这四个指标代表人力资本。

物质资本包括资金、土地和生产工具。对本研究的农业生产者来说,只有有限的土地,不需要大规模的资金投入,资金和生产工具对他们都不是限制因素。而打工者也不受资金的约束。因此,这里以耕地面积代表物质资本。

社会资本的测量在前面几章已有大量论述,本书使用了一系列相关的社会资本指标。这里采用的社会资本指标包括:是否换工、打工是否使用社会资本、打工信息网络类型、过年互访网络数、过节互访网络数、过生互访网络数、打工信息网络数量、参与活动种类数、人情收支差额(千元)等9个社会资本指标。其中,打工信息网络类型属于四分类变量,采取3个哑变量来代替,即:D1 打工是否使用弱关系,D2 打工是否使用强关系,D3 打工是否使用强弱关系组合,参照类是打工不使用社会资本。这里需要说明的是,凡是变量中有“是否”二字的两分类定性变量,均以1代表是,以0代表否。

由于有5组指标内部彼此高度相关,为了避多重共线性,采用因子分析法分组提取了5个因子。第一组指标:成人平均受教育年限,自营及雇主人数;第二组指标:耕地面积,未成年人口比例;第三组指标:过年互访网络数,过节互访网络数,过生互访网络数;第四组指标:市场信息是否使用社会资本,技术信息是否使用社会资本;第五组指标:是否换工,打工网络数量。之所以采取分组提取因子而不是混合在一起提取因子的办法,是因为这些指标不是和其他所有指标高度相关,混合提取因子既不能满足有关因子分析的条件,还会造成大量信息的丢失。以下按照这里排列的五个组的顺序依次展示因子分析的相关数据。

表7-1 五组因子分析的 KMO 和 Bartlett 检验(依次从左向右排列)

取样足够度的 Kaiser-Meyer-Olkin 度量		0.500	0.500	0.599	0.500	0.500
Bartlett 的球形度检验	近似卡方	5.043	8.433	22.827	15.844	26.168
	df	1	1	3	1	1
	Sig.	0.025	0.004	0.000	0.000	0.000

表7-2 人力资本与物质资本的公因子方差

	初始	提取		初始	提取
成人平均上学年限	1.000	0.562	耕地面积	1.000	0.582
自营及雇主人数	1.000	0.562	未成年人口比	1.000	0.582

提取方法:主成分分析法。

虽然五组因子分析的 KMO 统计量都小于 0.7,说明各变量间信息的重叠程度可能不是特别高,但是都大于 0.5,在适合的范围内,并且卡方检验非常显著(见表 7－1),可以采用因子分析法。五组因子分析的公因子提取比例均在 60% 左右(见表 7－2,表 7－3),方差贡献率不是特别高,但在可以接受的范围内。因子 1 至因子 5 分别命名为人力因子、物质因子、仪式因子、现代因子和生产因子(见表 7－4)。

表 7－3　三组社会资本的公因子方差

变量	初始	提取	变量	初始	提取	变量	初始	提取
生日拜访网络数	1.000	0.628	销售是否使用社会资本	1.000	0.605	是否换工	1.000	0.639
过年拜访网络数	1.000	0.599	技术是否使用社会资本	1.000	0.605	打工信息网络数量	1.000	0.639
过节拜访网络数	1.000	0.395						

提取方法:主成分分析法。

表 7－4　因子提取的成分矩阵

人力因子	成分	物质因子	成分	仪式因子	成分	现代因子	成分	生产因子	成分
成人平均上学年限	0.750	耕地面积	0.763	生日拜访网络数	0.792	销售是否使用社会资本	0.778	是否换工	0.799
自营及雇主人数	0.750	未成年人口比	0.763	过年拜访网络数	0.774	技术是否使用社会资本	0.778	打工信息网络数量	0.799
				过节拜访网络数	0.629				

提取方法 :主成分分析法。

因此,本研究的自变量包括:家庭成员平均非农就业时间(月/年),人力因子,物质因子,仪式因子,现代因子,生产因子,人情收支差额(千元),打工是否使用社会资本,参与活动种类和打工网络类型的 3 个哑变量 D1—D3。

三、回归模拟结果与结论

表 7－5 各种资本对人均收入的影响(多元线性回归结果)

自变量	模型一(基本模型)	模型二	模型三	模型四
平均非农时间	－0.240(－0.024)	－1.627(－0.083)	－0.016(－0.002)	－2.225(－0.114)
人力因子	9.948(0.324)***	24.818(0.407)***	9.773(0.325)***	21.306(0.350)***
物质因子	－0.971(－0.031)	－8.159(－0.156)	－0.676(－0.022)	－7.906(－0.151)
仪式因子		12.549(0.215)**		12.708(0.218)**
现代因子				－.942(－0.018)
生产因子			－3.980(－0.127)**	－16.447(－0.220)**
常数项	14.526***	24.447	13.265***	36.146***
R^2	0.100	0.234	0.114	.290
校正的 R^2	0.091	0.189	0.102	.225
F 检验值	11.215***	5.196***	9.567***	4.490***

注:①表内系数为未经标准化的回归系数,括号内为标准化回归系数 Beta 值。
②**、***分别表示 $p<0.05$、$p<0.01$。

回归模型的 R^2 比较小,主要有四个方面的因素。首先,由于人均收入是对家庭成员各种特征的综合,必然会模糊掉不少信息。比如,各个成员的职业不同,从业的强度和时间不等。尤其是建筑工人的工资情况很复杂,“大工”与“小工”的工资率相差很大,后者最多是前者的一半;不同工种和作业强度的收入差距也很大。其次,没有考虑人口的其他特征,如年龄、性别和从业年限。第三,没有考虑家庭的种养结构。种植粮食作物还是经济作物,种植何种经济作物,以及种植与养殖业的结构,养殖业内部的结构,都对收入有重要影响。最后,没有考虑地域的因素。

(一)人力资本对收入的影响

人力资本对农户经济地位的贡献在本研究中得到证实。在所有模型的所有变量中,人力因子都很显著,系数均为正并且绝对值最大。如果用“自营及雇主人数”、“成人平均受教育年限”分别与“人均收入”单独回归，则校正的 R^2 分别为0.062和0.041，并且 $p<0.01$。充分说明了创业才能与正规教育对农民改善经济地位的重要性。“自营及雇主人数”与“成人平均受教育年限”显著正相关（因此本书才把它们合二为一），即较高的正规教育水平提高了当老板的概率。较高的正规教育水平还提高打工的月收入水平，这在前文中已有描述。

（二）物质资本对收入的影响

耕地面积与未成年人口比例共同提取的物质因子与人均收入负相关，不过统计上不显著。说明在我们调查的区域，耕地现有的规模大小对农户的经济地位没有明显的影响。

（三）社会资本对收入的影响

模型二的仪式因子以及模型四中的仪式因子都通过了显著性检验，并且系数比较大。“仪式因子”与“人均收入”单独回归，校正的 R^2 为0.062，在各单个变量中与“自营及雇主人数”的解释力并列第一，并且它的系数为正，说明农户在过年、节日和生日互访的网络数量越多（社会资本水平越高），相应的人均收入越高。相关分析（见表7－6）也佐证了这一点，尤其是过年和生日拜访的网络数量与人均收入指标显著正相关。模型三和模型四的生产因子均通过了显著性检验，但系数为负。该因子是由提取“是否换工”与“打工信息网络数量”两个高度相关指标的公因子得到。相关性分析显示，这两个指标与收入之间确实呈现负相关关系。意味着作为传统农业生产劳动组织方式的换工行为，总体上与农户较低的经济地位相联系；而打工信息的来源网络越丰富，暗示着自身的就业能力相对较低。因此，换工与打工信息网络代表的这两类社会资本越多，相应的农户经济地位越低。

人情收支差额、参与活动种类、打工是否使用社会资本以及D1—D3代表的打工网络类型都让基本模型变差或者不变，并且不显著。因此，这些指标与人均收入没有明显的关系。

表7－6　社会资本与收入的相关性

		过年拜访网络数	节日拜访网络数	生日拜访网络数	打工信息网络数	是否换工
人均收入	Pearson 相关性	0.205***	0.006	0.245***	－0.067	－0.093*
	显著性（双侧）	0.000	0.946	0.006	0.225	0.091
	N	321	128	126	333	328

注：*、***分别表示在0.1、0.01的水平（双侧）上显著相关。

第二节　结　　论

本书第三章到第六章对当前农村各种社会资本现状及其与农户多种经济行为之间的关系进行了实证考察，并在本章第一节对农户社会资本与其经济地位之间的关系做了进一步的综合分析，从而可以得到以下六个方面的研究结论。

一、人力资本很重要，但有时需借助社会资本才能发挥更好的作用

人力资本对农民工非农职业地位和整个经济地位的高低均发挥着重要作用。人力资本水平越高的农户非农职业越好、人均收入也越高。本研究和其他人的研究①均显示，大专以上文化水平是人力资本能否在求职中独立发挥作用的临界点。达到这个临界点，人力资本可以单独发挥作用，农民工仅凭自己的学历就能获得比较好的职位。在这个临界点之下、相邻的高中学历的人力资本则需要借助于社会资本才能发挥更好的作用，从而获得明显优于高中以下学历者的职业地位；并且，强关系和弱关系同等重要。此时的社会资本发挥着桥梁的作用，无论是强关系还是

① 王奋宇，赵延东．流动民工的经济地位获得及决定因素［A］．李培林．农民工——中国进城农民工的经济社会分析［C］．北京：社会科学文献出版社，2003：134－148.

弱关系均如此。凭借多年在外打工的经历,农民工已经建立了比当初进城时更为丰富的社会资本网络,亲戚和老乡等强关系也已逐渐拥有了较高层次社会网络的信息。随着市场竞争的加剧,竞争中的知识和技术含量日益增加,即使是普通的生产企业,对较高层次人才的需求也在变得迫切,但是它们还不具备吸引大量高等教育毕业生的优势,并且,一般情况下,农民工更具备吃苦耐劳的精神,因此,通过社会资本网络引荐高中学历的农民工无疑是一个最优的选择。此外,大部分初次务工的农民仍然需要通过亲戚的推荐来实现就业。亲戚网络不仅搭建用工双方的桥梁,更为农民工提供了路途上的安全保障和初来乍到时的食宿。尤其是当城市里物价日渐高涨的时候,这种保障可以大大节约农民的就业成本。

二、象征性社会资本网络表现出重要作用

(一)象征性社会资本与农户的经济地位密切相关

本书的研究显示,过年和生日这两种象征性网络的规模越大,相应的家庭其人均收入越高,彼此成同方向的变化。一般说来,收入越高的家庭,越是乐意在这些重要的场合与亲友维持联络,加深感情。从这个方面来说,经济地位的提高促进了社会资本水平的提高,社会资本本身作为农民追求的一种生活质量而存在。反过来的关系则需要具体分析。对那些处于人力资本临界点和初次务工的农民而言,社会资本无疑有助于提升他们的职业地位,从而提高他们的经济阶梯;而对那些务工多年,在外已有一定根基的农民工而言,这种作用相对较小。因此,尽管每个农户对这些社会资本的使用频率和收益在时空上并非平均分配,但是积极维护它们仍然具有重要意义。

(二)象征性网络是维系社会资本和传统文化的重要方式

过年、节日(端午和中秋)、生日和红白喜事的亲友互访网络,以及扫墓祭祖的仪式性互动,这些通过传统文化和习俗惯例的方式传承下来的社会资本,是目前维护和巩固农村社会资本的主要场合。当农民对农业生产协作、非农就业信息搜寻及至资金筹集的需求均呈现萎缩之势的时

候,通过象征性仪式来强化农村居民彼此的认同,强化个体与某个团体及社区的固有联系,以获得情感支持和稳定生活的安全感,是那些漂泊在外、无法在城市获得正式身份的农民工迫切的心理需求;也是平日留守在乡、孤独无依的老弱妇孺们急切的盼望。但是这些仪式由于相互攀比、追求彰显面子而日趋铺张浪费,既耗时,又费钱,正在被一些观念比较新或者休闲的机会成本比较高的人群舍弃,并在一定程度上逐渐被专业化、市场化的红白喜事及家宴一条龙服务取代;与此同时,过年的攀比性消费也已成为许多年轻人沉重的经济负担。清明和春节的扫墓祭祖更加受到农村家庭的重视,但组织方式也日益由大家族向核心家庭过渡。总之,习俗和惯例迫切需要进行形式和观念的创新,革除攀比和面子心理,突出和强化情感纽带;删减一些过时、落后的礼仪程序,生产出简洁、环保、不浪费的仪式性商品,引导农民创新仪式性的交往方式。否则,年轻一代可能会因为经济上的负担和情感上的抵触而抛弃传统的社会资本,导致农村社会陷入社会资本"旧的不在,新的不来"的真空。

三、农户经济需求变迁导致资源交换型社会资本衰落和分化

(一)换工是传统社会资本的重要来源和维系方式,它正在衰落

换工的需求主要来自于农业生产本身。影响目前农村换工需求的因素主要是户主年龄、无任何农业之外经历的人口数量、务农三个月以上的人数、政府补贴和地域。其中,无非农业经历的人数影响最大,他们是务农和换工的主体;政府补贴有微弱的影响。地域的影响主要是由于各地习俗的变化不同步,但是这种差异正在逐渐消失。整体上,农业生产日益向专业化转变,农民需要换工的情况日益减少。这个变迁的过程一方面会破坏传统社会资本维系的重要渠道,另一方面却会为现代的专业型社会资本网络创造需求。比较贫困、缺乏现金收入的那部分农村家庭会在专业化的过程中逐渐被边缘化,游离到主要社会网络之外。而那些能够使用专业化生产的农户,以及从专业化生产中逐步被替换出来的老弱妇孺,也需要新型的社会资本,以满足他们与社会互动和交往的需求。

（二）打工社会资本逐步扩展、分化和衰落

随着农业生产地位的下降，打工收入成为大多数农户的主要收入来源，对打工信息的搜寻也相应地成为农户最重要的需求，农户在此基础上形成重要的交往网络。这种网络是在传统的以血缘、亲缘和地缘为特征的强关系基础上，通过师徒、干亲等拟亲缘关系缓慢展开，然后通过工友、老板和同学等渠道加速扩展，形成日益庞大的社会资本网络。在“民工荒”漫延之前，这些社会资本对农民非农化转移曾经起过很重要的作用，过年过节拜访师傅和包工头是那个时代农民家庭的重要安排。随着劳动力市场供求格局发生重要的转折，生产工人越来越供不应求，农民工对这些社会资本网络的依赖下降，转变为更多地依靠自己的能力寻找工作。农民工进入城市、在城市长期生活以后，这个网络会在城市里进一步分化。尤其是在蓝领和白领之间，强弱关系的分化在加速，白领的弱关系在快速拓展，但是蓝领的弱关系受到生产方式和交往圈子的强制约，而强关系本身的扩展空间很有限，这个过程会扩大蓝领与白领之间社会资本和经济地位的差距。

（三）打工社会资本与换工社会资本彼此交叉重叠

换工社会资本网络是基于农业生产的需求产生的，打工社会资本网络则是基于非农就业的需求产生的。后者一开始主要借助于包括换工网络在内的所有社会资本存量，然后借着务工的机会逐渐扩展开去，因此必然与换工网络有交叉重叠的地方，二者都是农户社会资本形成和发挥作用的重要渠道。

（四）资金互助逐渐减少

随着农民收入的提高，需要借钱的情况逐渐减少。333 个样本中，只有 57 户在亲友处有欠款，占整个样本的 17%；在亲友处有债权的有 58 户，与负债的比例相当。许多农民均表示他们除了修建房屋，一般不需要借钱。当然，近几年在亲友处有过借款的人仍然不少，有 173 户，占到样本的 52%。所以，整体上农户与亲友之间的资金互助仍然对他们的生产和生活发挥着作用，但是这种发挥作用的机会在减少。

(五)社会资本交换是具有相似资源特征的人群之间对等的互惠交换

交换在资源不对等的人群之间难以维系。在资源不对等的情况下,市场这种现代就业机制就会积极发挥作用。比如资金往来不会借给无力偿还的人,老弱妇孺不能与青壮年男性劳动力换工,以及年龄大的农民工更多依靠自己的能力寻找工作,而不是通过社会资本来求职。随着农村居民在各方面的分化,资源不对等的情况将会继续存在或者更明显,这就导致许多旧有的网络失去互动的基础,新型的网络将会在分化的过程中,继续遵循资源相似的特征重新组合起来。

总体上,资源交换型社会资本网络的发展,与市场和政府的发展密切相关,它的功能是在市场和政府失灵的地方发挥作用,而不应该与市场进行不必要的竞争,否则将会降低资源配置的效率。传统的中国社会之所以事事都依赖关系,就是由于市场和政府都很弱。随着现代社会市场效率的迅速提高,许多资源从社会网络中分流出去,传统社会资本的力量逐渐被"挤出",毕竟,分工和专业化更有利于资源的高效利用。当前,在城乡劳动力市场、农村资金市场和技术市场发育还很不健全,以及农民的市场竞争能力还比较弱的背景下,社会资本仍然在农民的资源交换中起着重要作用。这种作用会逐渐降低,但不会消失,因为无论多么强大的市场和政府,都会有失灵和触及不到的领域。那么,社会资本凭借其传递速度快、相互保险、固定成本和监督成本低的优势,可以有效弥补市场和政府的不足。

四、信任结构仍以特殊信任为主,但已具备转向普遍信任的条件

(一)信任的强度与利益的大小相互匹配,组成复杂的信任结构

社会资本涉及的信任是指人际信任。它既是一种观念,又是一种人际关系,是主观善意和合作愿望与客观能力和互利行为的综合体。信任介于理性与非理性之间,不同的信任是情感维度与认知维度的不同组合。在有些情况下,人们会积极地运用理智来计算和判断是否应该给予别人信任。但是在许多情况下,人们往往只是按照习惯和本能来决定是否信

任别人。信任是社会资本形成和运作的规则,它有深浅或者强弱的不同,不同程度的信任对应着不同类型的社会资本网络。人际之间的浅度信任对应着泛泛的人际关系网络或者一般性利益的场景;中度信任对应着中等熟悉程度的人际关系网络或者中等利益场景;深度信任则对应着亲密的或特殊的人际关系网络或者较大的利益场景。在每一种情况下对社会资本的投入和从中所获收益的多少是不相等的。随着信任程度由浅入深、人际关系由泛泛到亲密,投入和收获都在逐级递增。但是人们并不需要把所有的社会资本和信任都上升到亲密和高度信任的类型,而是需要各种情形的社会资本网络与信任度并存,以满足多种不同的需要。

研究发现,村民最信任的仍然是至亲关系,最不信任的还是陌生人。95%左右的人信任近亲和熟人,80%以上的人信任大多数人,87%的人遇到困难能够得到别人的帮助,79%的人认为人际信任在变好,同时有73%的人认为大多数人只关心自己的利益。这表明村民在一般意义上普遍信任周围的人群,但是在重要事情上主要信任近亲,情感性信任与认知性信任在不同的场合下表现出不同的侧重点。

(二)陌生人信任比例达到27%,并普遍信任国家政策

信任陌生人的比例较以往学者的研究明显上升,达到27%,并且村民普遍高度信任国家的政策,这些证据表明,目前的农村社会已具备转向普遍信任的基础。年龄与陌生人信任水平之间呈现高度的线性正相关关系,即年龄越大的人,认为陌生人可信的比例越高。人均收入水平与陌生人信任水平之间则并非线性关系,中等收入水平的人对陌生人最信不过,而较高收入与较低收入的人群认为陌生人可信的比例则较高。此外,男性比女性、户主比其他成员、兼业的比纯务农的、学历低的比学历高的、普通村民比党员干部,对陌生人的信任水平更高。

(三)收入水平与各种信任指标呈正向变化

除了陌生人信任指标以外,人均收入与其他各种信任水平之间总体上呈现正方向的变化,也就是说,人均收入越高的家庭,信任熟人以及信任大多数人的比例越高。虽然不能因此就认定收入高会导致高的信任水平，因为彼此的因果关系方向并不明确，但是本书倾向于认为，是收入水平影响人们对周围世界的信任水平。这个逻辑也许要同时使用文化习俗和演化博弈论来解释。一方面，在同一文化规范中的个体对周围世界的态度主要来自社会化过程中的习俗和模仿；另一方面，个体在成长的过程中会与周围世界发生不同的关系，通过不断地试错和调整（这个社会化过程中发生的一切都会对其最终的态度产生影响），最终达到一种适应性均衡。就前者而言，同一规范中的个体得自教化的信任水平是大致相当的；就后者来说，不同的人生际遇会导致不同的信任水平。换句话说，人生际遇较差的人往往对周围世界更加缺乏信任感。

五、专业性和参与型社会资本缺乏，务工群体正在形成职业型社会资本

（一）农村专业性和自愿参与型社会资本缺乏

合作社和专业协会在农村的发展仍然很缓慢，只有极少数农户参加。同时，自愿性参与的组织在中国农村依旧非常缺乏，大多数农民没有参与任何组织或社团。调查发现许多农民渴望获得有关政策的真实信息，而中央政府也需要了解地方政府对政策的执行情况。单单从农民与中央政府彼此信息沟通的角度，就很有必要促成农民自愿参与型民间组织的发展。此外，农业生产不会长期延续简单的传统耕作方式，专业化分工乃大势所趋。全国各地已经出现了许多新型的农村职业，农业生产的各个环节，包括耕地、播种育秧、施肥、收割、加工和销售，以及农民生活和农村管理等各个方面，无一不在逐渐形成专业化的队伍。这些专业化的人群需要专门的社会资本网络来进行专业性的交流和互助。由于时间和篇幅的限制，本书未有在这方面进行深入的调查和探讨，但是可以预测，专业性社会资本网络是未来农村社会资本发展的重要方向之一。

农民的闲暇活动也非常单调，仅有的几类活动以看电视、打牌和喝酒为主，其中，老年人和纯农民的闲暇社会资本水平则比年轻人和兼业农民更低。农民在漫长的农闲季节里没有积极的互动方式，各种邪恶势力很

容易乘虚而入,比如外来的有组织的赌博团伙已经开始渗透。由于农村本来有打牌赌钱的风气,加上转型时期价值观混乱,很容易接纳外来的赌博活动,侵蚀农村已经在削弱的社会资本。

(二)规模经济促使务工群体形成职业型社会资本网络

建筑工人中形成了以业缘为主的专业性社会网络,并且表现出职业地域固化的特征,即某个工种固定地来自某一地域。这种建立在地缘基础上的业缘关系已经形成一种路径依赖,而路径依赖的形成是利用规模经济节约成本的结果。用工双方都可以从固定的职业网络中减少信息搜寻成本、工具成本(建筑工人需要自己准备一些生产工具)、来往的路费和管理成本。可以设想,按照这种原理,全国各地正在形成各种职业划分区域。

六、家庭教化的规范作用保持,赏善罚恶等观念影响下降并趋于消失

家庭在人的社会化过程中发挥着重要作用。村民的家庭教育观念中,“勤俭”、“忍让和尊重别人”、“好的行为举止”、“工作努力”和“守纪律”最受重视,表明农民注意培养孩子遵守纪律、与人友好相处的品质,有助于培育普遍信任的社会资本。

相信鬼神的人已经非常少有,但相信来世和善恶有报的还分别占到16%和39%。从事非农业会改变人们对鬼神、来世和报应的看法,而政治面貌对各种观念没有表现出明显的影响。收入水平高的人群相信人有来生的比较多,高中和小学文化的人群则相信因果报应的比较多,而相信因果报应的人对近亲和人际关系有着更高的信任水平。市场经济的深化、生产方式的变化以及人口流动性的增加,已经大大地改变了人们的观念,社会资本不能再依赖对神秘力量的敬畏来维系,必须有适应生产力和生产方式变化的新观念的形成。

总之,伴随着工业化与城市化的推进,农村各种生产要素的相对关系逐渐发生变化,农户的需求随之改变,农村社会资本也必须适应这种变化,相应进行调整。一方面,传统社会资本发挥工具性功能的重要场合中,农户对社会资本的需要正在减少。首先,农业生产越来越不需要换

工。第二，农民工非农就业对关系和人情的需要也在减少。第三，由于农民普遍脱离了贫困，也缺少投资创业的渠道，需要通过社会资本筹集资金的频率逐渐下降。第四，公益事业一般由政府负责解决，很少依靠民间的力量。如此，社会资本原来发挥工具性功能的各种重要场合均在较大程度上减少了对传统社会资本的需要。另一方面，农村和农户对新型社会资本网络的需求日益增加：其一，农村的生产和管理方式、资源格局以及农民的权利和义务的迅速变化，使得农民渴望与政府平等对话，沟通信息和彼此了解，因而对自愿参与型的民间组织有迫切的需求。其二，农村专业化分工加速，迫切需要专业型的社会资本网络。其三，务工的专业化正在形成，出于规模经济降低成本的需要，一些职业表现出固定在某一个或几个地域的趋势。其四，农民尤其是农民工的需求内容逐渐复杂和分化，对情感性支持与认同、闲暇交往、价值观共享和问题的讨论商量等各种需要得到发展，并逐步从混沌一体的需要中分离出来，这些需求是孕育新型社会资本的重要养分。其五，留守农村的老人、孩子和妇女，迫切需要社会资本的支持。与此同时，我们看到，尽管在重要问题上仍以特殊信任为主，但一般问题上已经具备普遍信任的趋势和条件，这也是促使传统社会资本向现代社会资本转变的重要力量，并且这种中国式信任有助于形成满足多种信任需求的综合结构。因此，本书认为，虽然传统的社会资本形式在一些方面渐趋衰落，并在另外一些方面逐步分化，这个分化的过程目前看起来被动而缓慢，但是新型的社会资本形式必将在各种需求的变化当中孕育和发展起来。促使这种变迁的内生力量就是资源和权利义务格局的转变、专业化分工、需求的演变以及阶层的分化，而专业化分工背后的力量是各种要素相对价格的变化。社会资本的发展方向也必然是分工、分化，在整体上发展成以普遍信任为基础的一般化的社会资本，而在某些特殊的领域沿着特殊信任的方向进一步深化，最终形成各种社会资本相互补充，能够满足农户多方面需求的社会资本综合结构。这个过程能否顺利进行，很大程度上还要看外部的正式制度能否向着公正和高效的方向发展。

参考文献

英文部分

[1]Alejandra Portes. Social Capital:Its Origins and Applications in Modern Sociology[J]. Annual Review of Sociology, 1998,24.

[2]Bernd Wegener. Job Mobility and Social Ties: Social Resources, Prior Job, and Status Attainment[J]. *American Sociological Review*, 1991,56(1).

[3]David M. Cutler, Edward L. Glaeser. Are Ghettos Good or Bad? [J]. The Quarterly Journal of Economics, 1997,112(3).

[4]Deepa Narayan, Lant Pritchett. Cents and Sociability: Household Income and Social Capital in Rural Tanzania[J]. Economic Development and Cultural Change, 1999,47(4).

[5]Edward L. Glaeser. David Laibson, Bruce Sacerdote. An Economic Approach to Social Capital[J]. the Economic Journal, 2002,112(483).

[6]James S. Coleman. Social Capital in the Creation of Human Capital[J]. *the American Journal of Sociology*, Supplement: Organizations and Instituions: Sociological and Economic Approaches to the Analysis of Social Structure, 1988,94.

[7]Kanchan Chopra. Social Capital and Development Processes: Role of Formal and Informal Institutions[J]. Economic and Political Weekly, 2002,37(28).

[8]Kenneth Newton. Trust, Social Capital, Civil Society, and Democracy[J]. International Political Science Review / Revue international de science politique, 2001,22(2).

[9] M. B. Neace. Entrepreneurs in Emerging Economies: Creating Trust, Social Capital, and Civil Society[J]. Annals of the American Academy of Political and Social Science, Civil Society and Democratization, 1999,565(9).

[10] Mark Granovetter. Economic action and social structure: The Problem of Embeddedness[J]. The American Journal of Sociology, 1985,91(3).

[11] Mark S. Granovetter. The Strength of Weak Ties[J]. The American Journal of Sociology. 1973,78(6).

[12] Michael Woolcock, Deepa Narayan. Social Capital: Implications for Development Theory, Research, and Policy[J]. The World Bank Research Observer, 2000,15(2).

[13] Michael Woolcock. Social Capital and Economic Development: Toward a Theoretical Synthesis and Policy Framework[J]. Theory and Society, 1998,27.

[14] Michele P. Claibourn, Paul S. Martin. Trusting and Joining? An Empirical Test of the Reciprocal Nature of Social Capital[J]. Political Behavior, 2000,22(4).

[15] Natalia Letki. Investigating the Roots of Civic Morality: Trust, Social Capital, and Institutional Performance[J]. Political Behavior, 2006,28(4).

[16] Partha Dasgupta. A Matter of Trust: Social Capital and Economic Development[EB/OL]. Prepared for Presentation at the Annual Bank Conference on Development Economics (ABCDE), Seoul, June 2009. 2009-05/2011-02-01.

[17] Patrick Francois, Jan Zabojnik, Trust. Social Captial, and Economic Development[J]. Journal of the European Economic Association, 2005,3(1).

[18] Portes Alejandra. Economic Sociology and the Sociology of Immigration: A Conceptual Overview[A]. Alejandra Portes. The Economic Sociology of Immigration: Essays on Networks, Ethnicity, And Entrepreneurship[C]. New York: Russell Sage Foundation, 1995.

[19] Renata Serra. Social Capital: Meaningful and Measurable at the State Level? [J]. Economic and Political Weekly, 2001,36(8).

[20] Robert H. Bates. Capital, Kinship, and Conflict, the Structuring Influence of Capital in Kinship Societies[J]. Canadian Journal of African Studies, 1990,24(2).

[21]Stephen Knack, Philip Keefer. Does Social Capital Have an Economic Payoff? A Cross - Country Investigation[J]. The Quarterly Journal of Economics, 1997, 112(4).

[22]Steven N. Durlauf. Symposium on Social Capital: Introduction[J]. The Economic Journal, 2002,112(483).

[23]Ted Mouw. Social Capital and Finding a Job: Do Contacts Matter? [J]. American Sociological Review, 2003,68(6).

[24]W. Neil Adger. Social Capital, Collective Action, and Adaptation to Climate Change[J]. Economic Geography, 2003,79(4).

[25]William P. Bridges, Wayne J. Villemez. Informal Hiring and Income in the Labor Market[J]. American Sociological Review, 1986,51(4).

[26] World Bank. What is Social Capital [EB/OL]. http://web.worldbank.org/WBSITE/EXTERNAL/TOPICS/EXTSOCIALDEVELOPMENT/EXTTSOCIALCAPITAL/0,,contentMDK:20185164 ~ menuPK:418217 ~ pagePK:148956 ~ piPK:216618 ~ theSitePK:401015,00.html,2011 - 02 - 01.

[27] World bank. Measurement Tools[EB/OL]. http://web.worldbank.org/WBSITE/EXTERNAL/TOPICS/EXTSOCIALDEVELOPMENT/EXTTSOCIALCAPITAL/0,,contentMDK:20193049 ~ menuPK:994384 ~ pagePK:148956 ~ piPK:216618 ~ theSitePK:401015,00.html,2011 - 02 - 01.

中文部分

一、著作

[1]奥利弗·E. 威廉姆森. 资本主义经济制度——论企业签约与市场签约[M]. 段毅才,王伟,译. 北京:商务印书馆,2002.

[2]安东尼·吉登斯. 社会的构成[M]. 李康,等,译. 北京:三联书店,1998.

[3]安东尼·吉登斯. 现代性的后果[M]. 田禾,译. 南京:译林出版社,2000.

[4]C. 格鲁特尔特,T. 范·贝斯特纳尔编. 社会资本在发展中的作用[M]. 黄载曦,杜卓君,黄治康,译. 成都:西南财经大学出版社,2004.

[5]卜长莉. 社会资本与社会和谐[M]. 社会科学文献出版社,2005.

[6]曹荣湘. 走出囚徒困境:社会资本与制度分析[M]. 上海:上海三联书店,2003.

[7]戴维·哈珀恩. 社会资本[M]. 黄克先,黄惠茹,译. 台北:巨流图书公司,2008.

[8]费孝通. 乡土中国[M]. 北京:人民出版社,2008.

[9]风笑天,等. 落地生根:三峡农村移民的社会适应[M]. 武汉:华中科技大学出版社,2006.

[10]弗朗西斯·福山. 大分裂——人类本性与社会秩序的重建[M]. 刘榜离,等,译. 北京:中国社会科学出版社,2002.

[11]弗朗西斯·福山. 历史的终结和最后一个人[M]. 该书翻译组,译. 呼和浩特:远方出版社,1998.

[12]弗朗西斯·福山. 信任——社会道德与繁荣的创造[M]. 李婉蓉,译. 呼和浩特:远方出版社,1998.

[13]国家统计局. 各地区农村居民家庭土地经营情况[M]. 中国统计年鉴2009[M/CD]. http://www.stats.gov.cn/tjsj/ndsj/2009/indexch.htm, 2011-02-01.

[14]柯兰君、李汉林. 都市里的村民:中国大城市的流动人口[M]. 北京:中央编译出版社,2001.

[15]柯武刚, 史漫飞. 制度经济学——社会秩序与公共政策[M]. 韩朝化,译. 北京:商务印书馆,2002.

[16]科斯,诺思,威廉姆森. 制度、契约与组织:从新制度经济学角度的透视[M]. 刘刚,等,译. 北京:经济科学出版社,2003.

[17]李惠斌、杨雪冬主编. 社会资本与社会发展[M]. 北京:社会科学文献出版社,2000.

[18]李培林. 农民工——中国进城农民工的经济社会分析[M]. 北京:社会科学文献出版社,2003.

[19]林聚任,等. 社会信任和社会资本重建——当前乡村社会关系研究

[M]. 济南:山东人民出版社,2007.

[20]林南. 社会资本——关于社会结构与行动的与理论[M]. 张磊,译. 上海:上海人民出版社 2005.

[21]罗伯特 D. 普特南. 使民主运转起来——现代意大利的公民传统[M]. 王列,赖海榕,译. 南昌:江西人民出版社,2001.

[22]罗家德,叶勇助. 中国人的信任游戏[M]. 北京:社会科学文献出版社,2007.

[23]马克斯·韦伯. 儒教与道教[M]. 王容芬,译. 北京:商务印书馆,1997.

[24]明恩溥. 中国人的素质[M]. 秦悦,译. 上海:学林出版社,2001.

[25]尼克拉·斯卢曼. 信任[M]. 瞿铁鹏,李强,译. 上海:上海人民出版社,2005.

[26]欧阳祯人. 孔子的宗教思想研究——从《鲁邦大旱》说起[A]. 李存山. 中国儒学(第三辑)[C],北京:中国社会科学出版社,2008.

[27]帕萨·达斯古普特,伊斯梅尔·萨拉戈尔丁. 社会资本,一个多角度的观点[M]. 张慧东,姚莉,等,译. 北京:中国人民大学出版社,2005.

[28]皮埃尔·皮埃尔·布迪厄. 文化资本与社会炼金术——布尔迪厄访谈录[M]. 包亚明,译. 上海:上海人民出版社,1997.

[29]燕继荣. 投资社会资本——政治发展的一种新维度[M]. 北京:北京大学出版社,2006.

[30]詹姆斯·S. 科尔曼. 社会理论的基础[M]. 邓方,译. 北京:社会科学文献出版社,1999.

[31]张其仔. 社会资本论——社会资本与经济增长[M]. 北京:社会科学文献出版社,1999.

[32]张文彤. Spss 统计分析高级教程[M]. 北京:高等教育出版社,2004.

[33]郑也夫. 信任:合作关系的建立与破坏[M]. 北京:中国城市出版社,2003.

[34]郑也夫. 信任论[M]. 北京:中国广播电视出版社,2001.

[35]中国社会科学院社会学研究所. 社会学年鉴(1995—1998)[M]. 社会科学文献出版社,2000.

[36]周红云．社会资本与中国农村治理改革[M]．北京：中央编译出版社，2007.

二、论文

[1]罗伯特·D. 普特南．独自打保龄球：美国下降的社会资本[J]．虞大鹏，等，译．规划师，2002(8).

[2]约瑟夫·斯蒂格利茨．正式和非正式的制度[J]．武锡申，译．经济社会体制比较，2003(1).

[3]埃莉诺·奥斯特罗姆．社会资本：流行的狂热抑或基本的概念[J]．龙虎，译．经济社会体制比较，2003(2).

[4]边燕杰，丘海雄．企业的社会资本及其功效[J]．中国社会科学，2000(2).

[5]边燕杰．社会网络与求职过程[J]．国外社会学，1999(4).

[6]边燕杰．社会资本研究[J]．学习与探索，2006(2).

[7]樊平．社会流动与社会资本——当代中国社会阶层分化的路径分析[J]．江苏社会科学，2004(1).

[8]胡荣．社会资本与城市居民的政治参与[J]．社会学研究，2008(9).

[9]李路路．私营企业主的个人背景与企业"成功"[J]．中国社会科学，1997(2).

[10]李培林．流动民工的社会网络和社会地位[J]．社会学研究，1996(4).

[11]李少惠，王晓艳．社会资本视角下的农村公共文化建设研究[J]．西北师大学报(社会科学版)，2009(6).

[12]李申．儒教的鬼神观念和祭祀原则[J]．复旦学报(社会科学版)，2007(4).

[13]林聚任，刘翠霞．山东农村社会资本状况调查[J]．开放时代[J]，2005(4).

[14]刘克祥．甲午战争后的农村换工劳动及其向雇佣劳动的转变[J]．中国农史(南京)，1992.

[15]刘林平．企业的社会资本：概念反思和测量途径——兼评边燕杰、丘海雄的《企业的社会资本及其功效》[J]．社会学研究，2006(2).

[16]彭庆恩．关系资本和地位获得——以北京市建筑行业农民包工头的个案为例[J]．社会学研究[J]．1996(7)．

[17]彭泗清．信任的建立机制：关系运作与法制手段[J]．社会学研究，1999(2)．

[18]孙昕，徐志刚，陶然，苏福兵．政治信任、社会资本和村民选举参与——基于全国代表性样本调查的实证分析[J]．社会学研究，2007(4)．

[19]谭秋成．农村政策为什么在执行中容易走样[J]．中国农村观察，2008(4)．

[20]唐勇智．非自愿移民的社会资本补偿——以丹江口库区移民为例[J]．湖南农业大学学报(社会科学版)，2011(1)．

[21]王积超，巴图．社会资本及其非均衡性研究[J]．内蒙古师范大学学报(哲学社会科学版)，2004(1)．

[22]吴江，黄晶．社会资本理论剖析[J]．理论学刊，2004(5)．

[23]肖雁．儒学与以"天""祖"崇拜为核心的中国人宗教信仰系统的发展[J]．世界宗教研究，2010(5)．

[24]殷德生．社会资本与经济发展：一个理论综述[J]．南京社会科学，2001(7)．

[25]游碧蓉，郑境辉．社会资本变迁下的农村合作金融发展研究[J]．科技和产业，2008(10)．

[26]翟学伟．社会流动与关系信任——也论关系强度与农民工的求职策略[J]．社会学研究，2003(1)．

[27]张春泥，刘林平．网络的差异性和求职效果——农民工利用关系求职的效果研究[J]．社会学研究，2008(4)．

[28]张其仔．社会网与基层社会生活——晋江市西滨镇跃进村案例研究[J]．社会学研究，1999(3)．

[29]张文宏，栾博．社会结构取向下的社会资本研究 概念、测量与功能[J]．社会，2007，27(2)．

[30]张文宏，阮丹青，潘允康．天津农村居民的社会网[J]．社会学研究，1999(2)．

[31]张笑川．潘光旦的家谱学研究[J]．苏州科技学院学报(社会科学

版),2006(2).

[32]赵春娥.儒佛果报观异同之比较——兼谈佛教的本土化[J].青海民族研究,2008(7).

[33]赵延东.社会资本理论评述[J].国外社会科学,1998(3).

[34]钟涨宝,黄甲寅,万江红.社会资本理论述评[J].社会,2001(10).

[35]周建国.社会资本分布的非均衡性及其负面效应分析[J].唯实,2002(3).

三、学位论文

[1]董才生.社会信任的基础——一种制度的解释[D].吉林大学博士论文,2004.

[2]顾慈阳.社会资本理论及其应用研究[D].天津大学博士论文,2004.

[3]贺寨平.农村老年人社会支持网——个人地位、网络结构、社会支持与身心状况[D].中国社会科学院研究生院博士论文,2001.

[4]奂平清.农村社区社会资本状况研究——西北弓村实地研究[D].西北师范大学硕士论文,2002.

[5]王文彬.社会资本情境与个人选择行为——社会资本匮乏条件下的感性选择[D].吉林大学博士论文,2006.

[6]王小明.社会资本的经济分析[D].复旦大学博士论文,2008.

[7]韦璞.贫困地区农村老年人社会资本对生活质量的影响研究——以贵州省黄果树社区为例[D].华东师范大学博士论文,2007.

[8]杨月如.社会哲学视野中的中国社会资本研究[D].中央党校博士论文,2006.

[9]张缨.信任契约及规则[D].中国社会科学院研究生院博士论文,2001.

[10]周红云.村级治理中的社会资本因素分析——对山东C县和湖北G市等地若干村落的实证研究[D].清华大学博士论文,2004.

[11]朱俊艺.孔子天命鬼神思想研究[D].上海师范大学博士论文,2010.

索引

Q

R

S

T

W

X

后记

三年,这一路走来,我由衷地感谢许多老师和同学!

首先,我要感谢我的导师——中国社会科学院农村发展研究所的谭秋成教授。三年来,谭老师对我的学习和研究倾注了大量的心血。谭老师给我创造了很多极好的机会,让我参加了“十一五”计划的科技支撑课题、中英可持续发展对话的指标开发等重要科研课题,放手让我从事科学研究,并且丝毫不吝啬指导和鼓励。谭老师的严谨、谦虚和对研究的痴迷,深深地感染了我。反复的讨论、切磋,大量的实地调查,对待每一个问题一丝不苟的态度,令我从一开始的不解,到后来在耳濡目染中逐渐习得良好的研究习惯和态度。谭老师还找老师为我讲授统计软件,并亲自为我搜寻到许多适合我从事博士论文研究的国外经典文献,让我从第一学年就开始参与数据库的建立,通过大量的实地调查为我的博士论文研究准备了珍贵的第一手数据,引导我学会独立从事科学研究。谭老师还支持和鼓励我在所里与老师同学们一起探讨自己的研究结果。让许多同学羡慕的不仅是我能跟着谭老师做大量的课题和调研,还有获得谭老师在财务上的支持。

感谢农村发展研究所的张斌老师、张晓山老师、党国英老师和崔红志老师,他们为我提供了宝贵的调研机会,给予我许多的鼓励。张斌老师为我们付出了很多辛苦,在各个环节给我们创造良好的学习和调研条件。张晓山老师和张斌老师还给我机会在系里与老师和同学们讨论自己的研究,这让我深感荣幸!在与张晓山老师、党国英老师及崔红志老师一起进行的调研讨论中,他们闪光的思想和自由争鸣的学术态度让我折服。

感谢农村发展研究所的李周老师、杜志雄老师、朱钢老师、张军老师和任常青老师。李老师对学生严格要求,我们在他的教导下不敢对自己的学业有丝毫放松和懈怠。杜老师看问题一针见血,每次都能一眼看出我研究中存在的疏漏,但同时他又不忘保护学生的学习和科研兴趣,总是点评得恰到好处。朱钢老师不辞辛苦阅读我们的调查问卷并提出宝贵建议。杜老师、朱老师、张老师和任老师为我的开题报告提出的中肯建议,为我后来的论文写作指明了一些可能的方向和潜在的路障。感谢农村发展研究所的罗万纯老师!她教会我使用 epidata 软件,并且不厌其烦的解答我遇到的问题。

感谢中国农科院的王济民教授和北京航空航天大学的李锐教授,他们为我的论文提出了非常宝贵的建议!感谢中国社会科学院研究生院为我提供了学习的机会,让我可以聆听大师们的教诲!

感谢我的同事——西南民族大学经济学院的廖桂荣和张小兰老师!她们在我考博和读博期间提供了大量无私的帮助!感谢西南民族大学和经济学院的领导对我读博的支持!感谢我的大学同学、重庆市大足县高升镇的杨贵彬镇长,以及他的同事们!他们为我的入户调查提供了大量真诚的帮助,为我的研究之路搬去了一大障碍。

我深深感谢我的丈夫杨荣建和儿子杨之巽!是他们给我的支持,才让我能够静下心来攻读博士学位。多年来,丈夫一直鼓励我进取,独自承担了我不在家期间培养儿子的重担,帮助完成我单位上的一些工作,让我能够安心在京求学。儿子默默忍受着母亲不在身边的难过,努力学习,健康成长,还不忘时时鼓励我。

感谢郑鑫师兄!他给我很多鼓励,解答了我不少疑惑,在我需要帮助的时候总是毫不吝啬的假以援手。感谢我的研究生同学钟庆君和李英!他们给予我帮助、鼓励和支持。还有很多同学,在此不一一列举,感谢他们在我的学习与生活中提供给我的帮助和支持!